平凡社新書
915

スポーツビジネス
15兆円時代の到来

森貴信
MORI TAKANOBU

HEIBONSHA

スポーツビジネス15兆円時代の到来●目次

第3章 スタジアム論――スポーツビジネスを飛躍させるトレンド

はじめに

あなたの息子が地元にあるJリーグクラブのユースチームにスカウトされたとしよう。そう、U-18（ユーじゅうはち。18歳以下のチームのこと）というやつだ。聞くと、県大会での活躍の様子を地元のJクラブのスカウトが見に来ていたらしい。息子はもちろん行きたいと大喜びである。

中学3年生にして人生最初の選択をする時がやってきた。息子自身はこれから何回も人生の選択をすることになると思うが、大きくなればなるほど自分でどんどん決めていくことだろう。親として意見を言えるのは、もしかしたらこれが最後かもしれない。子供の人生は子供が決めるもの、やりたいことをやらせておけばよい。そういう考え方もあるかもしれないが、息子は何と言ってもまだ中学生だ。やっぱり親としての見解をしっかり持って、ここはバシッと自分の意見を言っておきたい。最後の最後になれば息子自身が決めることになるのかもしれないが、ここは一つ、親として息子のために最低限の助言はしてやりたいと思う。

思い起こせば息子は小さい頃からサッカーが好きで、暇《ひま》さえあればいつも公園でボールを蹴《け》っていた。小学生の低学年あたりまでは自分もよく一緒にボール遊びに付き合っていたものだ。いや、むしろ自分の方から何となくサッカーをやるように仕向けた感もあった。自分がサッカー経験者でもあったことから、今思うと子供にもサッカーをやってほしいと心の底で願っていたのかもしれない。

ただ今回ばかりは驚いた。息子がそこまで上達していたとは夢にも思っていなかったのだ。そもそも最近は忙しくて息子とはしばらく会話らしい会話もしていない。こちらが気づかない間に周りが動いていて、急に現実的な問題が降りかかってきたのだ。ただいざ息子がJクラブにスカウトされたとなると、いくらユースチームとはいえ今回ばかりは息子の将来のことを真剣に考えざるを得ない。そのままとんとん拍子で進んだとしてもプロの世界で活躍できる選手はほんの一握りである。そんなことは誰でもわかるし、自分の息子がそうなる保証はもちろんない。そうなったらそうなったでもちろん嬉しいのだけれど、そんなもん確率で言うと宝くじに当たるようなものだろう。それよりも、ケガをしたらどうなるのか、実力が伸びなかったらどうなるのか。朝から晩までサッカー漬けでサッカーのことしか知らない大人になるくらいなら、もっと勉強をやらせた方が良いのではないか。さまざまなことが頭の中を駆け巡る。そう、Jリーグのユースチームは会費やら遠征費やらでお金だって結構かかるのだ。ビジネスと同じで将来的に大きいリターンが見込めるのなら多少投資をしても良いとは思うが、そもそもスポーツをやらせて息子の将来にリターンなんてあるのだろうか。しかもサッカーの選手寿命は短く、やり直しなんて多分きかないだろう。何と言っても息子の人生は一度きりなのだ。一体どうしたらいいのだろうか。

そうやって考えていくと、自分にはスポーツについての知識そのものが実はあまり多くないことに気づいた。これまでもずっとスポーツは好きで、小さい頃からサッカーをやっていたのでスポーツは常に身近な存在だった。大人になってからはサッカー以外でも休日は野球やゴルフをテレビでたまに観ることはあるし、テレビニュースのスポーツコーナーや新聞のスポーツ欄をどちらかというといつも楽しみにしている類《たぐい》の人間だ。

ただ今回、息子の人生の選択に納得のいく助言をしてやりたいと思っている今、自分を振り返ってみると、スポーツ好きにしてはあまりにもスポーツについて持っている本当の意味での知識と情報量が少なすぎるように思えた。ニュースで報道されるような試合結果や何か不祥事のような問題が起こった時ぐらいは人並みに知っているつもりだが、その裏にある現実とか、なぜそうなったのかとか、そこで働く人々の生活とか、スポーツを取り巻く環境や背景についてはこれまでの人生の中でそれほど深く考えたことがなかった。スポーツは限られた一部の優秀なアスリートのものであって、スポーツ好きな自分たちは大会や試合の結果を外から観客として見ているだけで十分だったのだ。そもそもスポーツなど趣味や娯楽であって、それが仕事の対象になるなんて考えたことはこれまで一度もなかった。スポーツはよく知っているようで実は知らない世界。身近なようで遠い世界。それが普通だろ、そんなの急に言われても無理だよ……。親としての責任の重さを痛感し、なんだか逃げ出したくなるような、結論を先に延ばしたくなるような自分がいた。

私はこれまで商社マンとして社会人のキャリアをスタートし、原料やアパレルなどの繊維ビジネスにおいて世界を飛び回ってきた。そして社会人11年目に、会社からの派遣プログラムで慶應《けいおう》ビジネススクール（KBS）のMBAを取らせていただいてから商社に戻り、そこから社命で自動車会社に転籍したのち、退職して一念発起し、地元長崎《ながさき》に帰ってJリーグクラブの立ち上げに参画した。その後も他のJリーグクラブやプロ野球独立リーグ球団、プロ野球（NPB）の球団など、大小さまざまな規模の現場で経営企画や事業関係を専門に行うフロントスタッフとして、また経営者として、スポーツビジネスに従事してきた経験がある。今ではそれらの経験を活《い》かして、2017年よりラグビーワールドカップ

２０１９組織委員会で働いている。

これまで10年以上スポーツビジネスの世界にいたわけだが、この業界で働きながら常々感じていたことがある。それはスポーツビジネスの原理原則といったようなものが一般にはまだよく理解されていないということだ。もっというと、実はみんな理解したくないのではないだろうか？　ということすら考えたりもする。もともとスポーツビジネスはチームや選手の活躍が目立つだけに、それ以外のことについてはあまりスポットライトが当たることはない。でも考えてもみてほしい。選手の年俸を払うにはお金がたくさん必要で、そのお金は誰かがどこかから稼いでこなければ払えないのだ。どのような仕組みで誰が稼いでいるのか。ファンを増やすには何をしたらいいのか。いい選手を揃《そろ》えるために周りの人たちはどんなことをしなければならないのか。みんながそれを考える手前で思考停止になっている状態を、私は「一体なぜだろう？」といつも疑問に思っていた。

例えばこういうことだ。私は埼玉西武《さいたませいぶ》ライオンズで働くことが決まった時、考えがあってあえて本拠地である埼玉県所沢《ところざわ》市の西武ドーム（現メットライフドーム）近くに居を構えた。引っ越してすぐ、近所の人々にあいさつをして回った時のことを思い出す。

「今度、西武ライオンズで働くことになった森と申します。よろしくお願いします」

「へぇー、西武では何をするんですか？　まさか選手じゃないよね」

「ええ、違います」

「まさか、コーチとかトレーナーさん？」

「いえ、違います」

「じゃあ、一体何ですか……？（怪訝《けげん》な顔）」


そう、球団のおひざ元に暮らす人々でさえ、みんなテレビや新聞に出るような人たちしか知らないのだ。表に出てくる選手や監督・コーチ、せいぜいその周りにいるトレーナーやスカウトなど球団本部のスタッフたちならまだ想像できるが、それ以外に集客のアイデアを出したりファンサービスを企画したり実際にイベントを行ったりして球団をビジネス面で裏から支えているような人たちの存在自体が、実は世間一般にあまり知られていないのだと思う。私がこれまでやってきたような仕事の内容が、そもそもどのような仕事をしているのか、そこで毎日どのようなことが起こっているのか、年間の売上高はいくらぐらいなのか、果たして球団経営は黒字なのか赤字なのか。スポンサー料収入やチケット代収入などおもに収入面の数字をたたき出しているのは、球団を運営する会社の中でも実は選手や監督が所属する球団本部ではなく事業本部のスタッフなのだが、そういうことすら世間にはなかなか知られていないのである。

ではどうしたら、スポーツが本当の意味でもっと身近に感じられるようになるのか。ここで「スポーツは仕事である」という視点を掲げてみよう。この業界は働くに値する場となりうるのだろうか。またビジネスパートナーとして考えた場合、将来性はいかほどなのか。仕事を持つお父さん、お母さんであれば、自分の仕事に照らし合わせながら少し冷静になってみると、スポーツビジネスの何かが見えてくるかもしれない。そして、これから本書で紹介する事例を追うことで、スポーツと普段の生活が想像以上に密着する時代が迫っていることを実感するかもしれない。その現象は一つの生活圏を形成するほど大きな可能性を含んでいると言ってもよい。

とすれば、どのような環境が待っているのか、またどのように家族の中に入り込み、親しい隣人たちとの関係に関わってくるのか、そうしたスポーツとそれを取り巻く私たちの未来を本書で提示してみたい。一体スポーツが切り結ぶ社会が成立するために、ヒト・モノ・カネのそれぞれがどのように動き、流れていくのか、なるべく具体例を提示しつつ、おもに働く／稼ぐ＝居心地の良いスペースを作るという視点を意識しながら来るべきヴィジョンを描きたいと思う。そのキーワードとして、スポーツにおける「ビジネス」を主眼として語っていこう。きっとこれからのスポーツはアスリートのものだけではない、自分たちにももっと身近に関わってくるものだということがわかっていただけると思う。

この本を読んだ後、あなたが冒頭のような場面に出くわしたとしたら、あなたは未来を夢見る息子に何と言うだろうか。「良かったね。頑張っておいで」と言うのだろうか。それとも「どうせダメだから、やめておけ」と言うのだろうか。どちらにせよ、この本を読む前よりは、スポーツを取り巻くいろいろなことが多少わかった上で、納得のいく助言をしていただけるようになると思う。子供の就職先としてスポーツ業界はこの先どうなのか。コミュニティとしてのスポーツはこれからどのように発展していくのだろうか。そしてそうなると、自分の生活は今とどのように変わるのだろうか。それとも何も変わらないのだろうか。

社会の変化や人々の生活の変化とともに、これからスポーツビジネスもますます変化していくことだろう。やがてスポーツ業界が特別なものではなくごく普通の業界となり、その先にはスポーツビジネスという言葉すらなくなるような時代が来ることを、そしてスポーツマンシップを世の中のみんなが理解し、それを自然と体現するような人が多くあらわれ、みんなが「良き仲間」に囲まれて居心地の良いコミュニティの中で暮らすような社会が来ることを、私はずっと夢見ている。

第1章　スポーツビジネスは有望か

――『日本再興戦略2016』で描かれる未来

恩師の言葉

私はその時、人生における重大な決断をしていた。2005年のことだ。それまで勤務していたトヨタ自動車を退職し、Jリーグを目指すサッカークラブであるV・ファーレン長崎を法人化するために故郷長崎に帰るということを告げた時、今は亡き恩師は私にこう言った。

「森君、きっとあなたはね、10年後、この決断が良かったと思うはずだよ。でもね、あなた個人としては儲《もう》からないよ」

恩師らしいぶっきらぼうな物言いで、無駄なことが削《そ》ぎ落《お》とされた短いフレーズの中にいろんな意味が含まれていた。ひょっとしたら、日本が誇る優良企業であり、生涯年俸が数億円と言われている会社をあっさり辞めることに、また成功するかどうかなんてまったくわからない未知の世界に飛び込んでいくことに、「本当にいいの？」と私の気持ちを確かめてくれていたのかもしれない。しかし百戦錬磨《ひやくせんれんま》の恩師のこと、その時の私の表情から見て決意が固く、目の前の男は自分の言葉ぐらいで考えを変えることはないだろうということも案外察していたのではないかと思う。当時私はそんなことよりも、その言葉に「背中を押してくれてありがたいな」と思う半面、「何で儲からないなんて決めつけるんだろう」、そして今よりも若くて勝ち気だったせいもあり、「それなら俺が儲かるようにしたらいいんでしょ」と心の奥底で誓ったものだった。そしてそれから10年が経ち、2015年にその言葉を振り返った時、恩師の言葉はそのほとんどが当たっていた。さすが広瀬《ひろせ》一《いち》郎《ろう》である。[*1]

しかし、その10年が過ぎた2016年頃から、この本を書いている2019年までの間に、恩師のいう「儲からないよ」の部分に少しずつ変化が見えてきた。スポーツビジネスに「儲かる可能性」が少しずつ広がってきたのだ。それは、決して私個人のことだけではない。少子高齢化に代表されるような日本全体を取り巻く社会状況や、それに伴うビジネス環境において、スポーツをビジネスとして永続的に行っていけるような環境が徐々に整ってきたのである。そして、この後の数年間を予想してみると、この現象はこれまでのように「徐々に」ではなく、さらに加速がついて広まっていくのではないかとさえ思われる。今スポーツを取り巻く世界に何が起こっているのか。それを解き明かしていくのが本章の役割である。ただし、ここで取り上げるスポーツとは、フィールドにおけるチームの勝ち負けやアスリートの記録にまつわるようなスポーツの競技面に関することではなく、あくまでスポーツに関連する「ビジネス」を中心としてとらえた時のスポーツの話であることを、ここで最初に断っておきたい。

スポーツビジネスを取り巻く環境

スポーツを単なる趣味や娯楽ではなく「ビジネス」としてとらえようとするならば、「そもそもスポーツがビジネスとして成り立つのかどうか」「もしスポーツがビジネスとして成り立つとしたら、どんなことが条件になるだろうか」を考えることが、まずは重要になる。

スポーツビジネスに限らず、どんなビジネスでも成功するかどうかは、その事業環境に大きく左右される。仮に、どんなに立派なビジネスモデルがあっても、どんなに先進的な商品があっても、どんなにたくさんの資金があっても、タイミングも含めたその事業が置かれている環境が悪ければ、ビジネスとしての大きな成功はないだろう。何かビジネスをはじめる際、まずはじめにそのビジネスを取り巻く事業環境がどういう状態・状況であるかを整理することは、ビジネスパーソンとして誰もが行うべき基本的なチェックポイントである。

簡単に例を挙げるとこういうことだ。我々日本人はこういうことをこれまでに経験しているので、たぶん理解がしやすいのではないだろうか。

戦後の高度成長期のような人口がどんどん増えている時代であれば、全体的に市場が拡大しているので事業環境は良く、一般的な消費財であれば、どのような商品でも比較的簡単に売上を伸ばすことができるだろうと推測される。それとは反対に、リーマンショックで金融市場が落ち込んでいるような時には、そこに参加しているプレーヤーのマインド自体が落ち込んでいるので、その時どんなに魅力的な金融商品を出したとしても、その商品はさほど売れないだろう。

これまでのスポーツ業界は、一体どのような状況で推移してきたのか。現在のスポーツ業界はビジネスとしてどのような状況なのか。活況なのか不況なのか。そしてこの先、どうなりそうなのか。この章ではスポーツビジネスを取り巻く環境を広く大まかにつかむために、この先のスポーツ業界の事業環境について話を進めていく。

蛇足になるが、あなたがもしどこかで働いているとしたら、これを機にあなたが働いている業界の事業環境をもう一度、洗い直してみてはいかがだろうか。インターネットが普及し、これだけ移り変わりの激しい現代社会において、これまで安泰《あんたい》だと思われていた業界でも事業環境を見直してみたらもはや安泰ではなかったということが、これからはどんどん起こってくるだろう（例えば、金融業界における銀行など。伝統的に安定していて安泰というイメージがあるが、低金利とテクノロジーの進化によるフィンテックの台頭で、大手都市銀行においても大規模なリストラが発表されるなどしている)。

おせっかいかもしれないが、読者のみなさん一人ひとりがタイミング良く適切なアクションを起こせるよう、そしてそのアクションが手遅れにならないよう、自分の周りの事業環境を一定期間ごとに見直すことを是非すすめたい。そうすることは、長い人生を考えてみても、決して無駄ではないと私は思う。

有望なスポーツ業界の事業環境

スポーツ業界というのは他の業界と比べて、将来が見込めるものなのか。果たして市場規模はどれくらいあるのか——。

これまではあまりスポーツ業界の事業環境というようなことが一般的に議論されることは少なかったので、そもそもどれくらいの市場規模があるのかさえ想像するのが難しかった。それを裏付けるようなきちんとした調査も、たぶんこれまでほとんどなかったと思う。体感的にも、また実態としても、スポーツ業界というものはなかなか数字として計測しづらい業界であることは確かであるが、そうとばかり言っていても仕方がないので、ここではスポーツ業界の現在と未来の事業環境について、できる範囲で整理をしてみたい。

いきなりだが、結論から先に言おう。

日本におけるほとんどの産業では、これからの少子高齢化に伴う人口減少の影響で市場が確実に縮小すると見られているが、スポーツ業界についてはその大きなトレンドには当てはまらず、この先、大変有望な事業環境にあると見られている。先進国の中でも特に成熟社会と言われている日本において、市場が確実に拡大すると予想されている産業というのは実はあまり多くない。人口が減るということは、つまり消費者の数が全体的に徐々に減っていくということだから、ある意味それは当然である。だが、我が国におけるスポーツ産業はそれらに反して、これから市場が確実に拡大すると予想されているのである。それもかつてないスピードで、だ。一体なぜなのだろうか。

日本では統計調査などで、これからは少子高齢化で人口減となることがわかっているため、日本中の企業はどこも新規事業を創出する必要に迫られている。これまでやってきた既存のビジネスだけでは、市場縮小に伴って売上高が自然に減っていくことが予想されるからである。一方、消費者の方では社会が成熟してきたことに伴って「モノ消費からコト消費」と言われるように、これまでのように何か商品を所有することで欲求を満たすということから、旅行やレジャーなど思い出や体験を楽しむ方に消費の重点がシフトしてきている。このようなトレンドの中、あらゆるコト消費の中でも、その広がりや体験の強さ、そして比較的繰り返して楽しめる要素があるという点で、スポーツビジネスはこの先ものすごく有望だと見られているのである。

さらにこのような中、これからのスポーツビジネスの方向性にとって大きな指針となり、とてつもないインパクトをもたらすものが、２０１６年に政府から発表された。

「国が力を入れる事業」に定められたスポーツ産業

これからスポーツ産業はほぼ確実に発展する。その大きな裏付けとなるものが、政府が２０１６年にまとめた『日本再興戦略２０１６──第４次産業革命に向けて』である。つまり、政府が主導する「国家プロジェクト」とも言えるような大きな動きの中に、何とスポーツ産業が組み込まれたのだ。このようなことは、これまでの日本におけるスポーツ産業の歴史において、一度もなかったことである。国がスポーツの産業化に率先して力を入れるということ自体、日本のスポーツ産業にとって「大きな転換点」と言える画期的な出来事なのだ。ここから先は、スポーツ産業に大きな発展をもたらすこの『日本再興戦略２０１６』について、少し紙幅を取って説明していく。

Ａ４サイズの紙で２４１枚にもなる『日本再興戦略２０１６』には、国の在り方や今後の方針などありとあらゆることが書かれているのだが、冒頭の「日本再興戦略２０１６の基本的な考え方」という部分の最後に、印象的な記述があるので引用したい。

時代は大きく変わろうとしている。変革を恐れず新たな成長の途《みち》を目指すのか、世界の先行企業の下請け化の途を取るのか。日本は今、歴史的な分岐点にいる。こうした変革の時代を乗り越え、成長軌道に乗せ、日本を世界で最も魅力的な国とする。そのための羅針盤が、日本再興戦略２０１６である。

そこには、政府の並々ならぬ成長への意欲が感じられる。そしてその後に続けて、戦後最大となる名目ＧＤＰ６００兆円の実現に向けた「官民戦略プロジェクト10」なるものを具体的に列挙し、この10のプロジェクトの骨子として「新たな有望成長市場の創出」「ローカルアベノミクスの深化」「国内消費マインドの喚起」の3つが掲げられている。その中でスポーツ産業は、最初の「新たな有望成長市場の創出」のうちの一つとして登場する（図1）。

（1）第4次産業革命（ＩｏＴ・ビッグデータ・人工知能）
（2）世界最先端の健康立国へ

〈図1〉政府が示すスポーツ産業成長実現のためのガイドライン

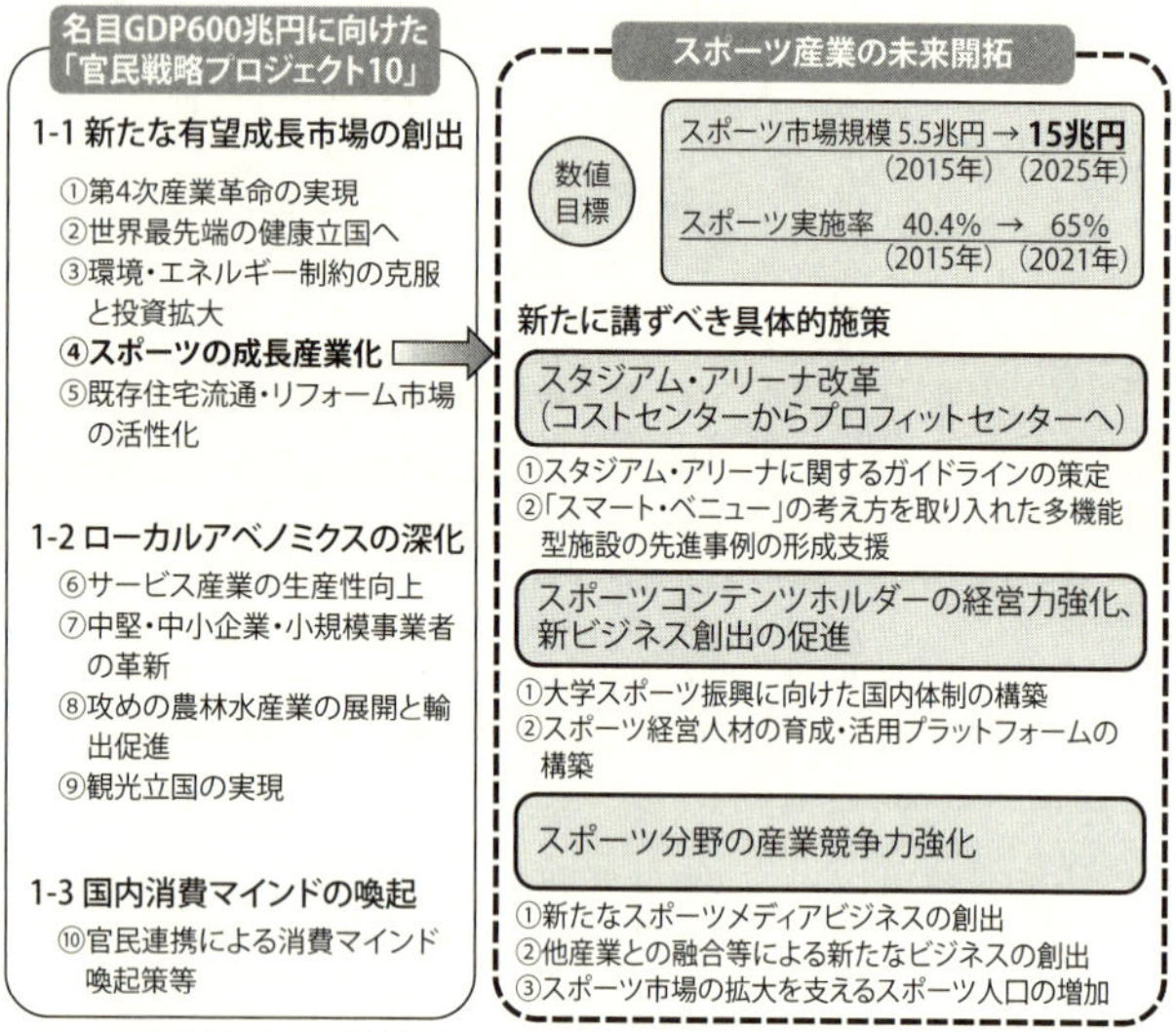

名目GDP600兆円に向けた「官民戦略プロジェクト10」
1-1 新たな有望成長市場の創出
①第4次産業革命の実現
②世界最先端の健康立国へ
③環境・エネルギー制約の克服と投資拡大
④スポーツの成長産業化
⑤既存住宅流通・リフォーム市場の活性化
1-2 ローカルアベノミクスの深化
⑥サービス産業の生産性向上
⑦中堅・中小企業・小規模事業者の革新
⑧攻めの農林水産業の展開と輸出促進
⑨観光立国の実現
1-3 国内消費マインドの喚起
⑩官民連携による消費マインド喚起策等
スポーツ産業の未来開拓
数値目標
スポーツ市場規模 5.5兆円 → 15兆円
(2015年) (2025年)
スポーツ実施率 40.4% → 65%
(2015年) (2021年)
新たに講ずべき具体的施策
スタジアム・アリーナ改革(コストセンターからプロフィットセンターへ)
①スタジアム・アリーナに関するガイドラインの策定
②「スマート・ベニュー」の考え方を取り入れた多機能型施設の先進事例の形成支援
スポーツコンテンツホルダーの経営力強化、新ビジネス創出の促進
①大学スポーツ振興に向けた国内体制の構築
②スポーツ経営人材の育成・活用プラットフォームの構築
スポーツ分野の産業競争力強化
①新たなスポーツメディアビジネスの創出
②他産業との融合等による新たなビジネスの創出
③スポーツ市場の拡大を支えるスポーツ人口の増加

*スポーツ庁資料をもとに筆者作成

(3) 環境・エネルギー制約の克服と投資拡大
(4) スポーツの成長産業化
(5) 既存住宅流通・リフォーム市場の活性化

これでわかるように、「スポーツの成長産業化」ということが、国の有望成長市場の〝4番バッター(4番目)〟として位置づけられているのだ。スポーツ産業が、ビッグデータや人工知能と並んで国の有望成長産業だと認定されたことは、これまでスポーツに関わってきた関係者からすると驚きでもあり、また大変喜ばしいことで

はないだろうか。これはやっと政府が、スポーツ産業にはまだ多大な伸《の》び代《しろ》があるということに気づいた証拠である。

明確に数値化されたスポーツの未来

「スポーツの成長産業化」の中身について、『日本再興戦略2016』の中では「スポーツ産業の未来開拓」と題した部分でより詳しく取り上げられている。そしてそれは「数値目標」と「新たに講ずべき具体的施策」の2つで構成されている。

「数値目標」のところでは、具体的な数値として「スポーツ市場規模（昨年［著者註：2015年度］：5・5兆円）を2020年までに10兆円、2025年までに15兆円に拡大することを目指す」「成人の週1回以上のスポーツ実施率を、現状の40・4％から2021年までに65％に向上することを目指す」と書かれている（スポーツ市場に数値目標が導入されたということも、これまでを考えると大変画期的なことである）。

これにより、これまであまりよくわからなかったスポーツ産業の市場規模について、2015年度のスポーツ市場の規模が5・5兆円であったと明らかになったと同時に、これを2025年までの10年間で約3倍にするという非常に野心的な目標が、政府によって立てられたのである。

国の公式文書において、スポーツ産業が目指していく市場規模をKPI（キー・パフォーマンス・インジケーター＝重要業績評価指標）として具体的に金額で示したことが、ここでは極めて重要である。先ほども述べたが、2015年度現在で市場規模が5・5兆円あるという事実を明らかにすることだけでも一定の効果があったと思われるが（これまでは、市場規模をまとめたデータすら発表されていなかった）、今後2025年までに市場規模を今の約3倍にするという目標は、この低成長時代において客観的に見てもたいそう野心的であり、目指そうとしている成長度合いは誰の目にも（特にこれからスポーツ分野に参入しようと考えている人にとって）魅力的に映る。

このように、目指すべき市場規模がKPIとして示されたおかげで、他の産業からスポーツ産業へ、熱い視線がにわかに注がれるものとなった。すでにこの数年で、スポーツに関連する国際会議や大きなシンポジウムが新しくできるなどの効果があり（例えば、国が主催する初のスポーツ関係の国際会議であった「スポーツ・文化・ワールド・フォーラム」「2016年」や慶應大学が主催する「SPORTS X Conference（スポーツXカンファレンス）」、日本スポーツ産業学会が主催する「スポーツビジネスジャパン」など）、またスポーツに関連した既存の展示会などにおいても、セミナー開催やブース出展などによる参加企業とそこに訪れる人の数が、大幅に増えているようである。

新たに講ずべき具体的な施策はなにか

数値目標の次にくる「新たに講ずべき具体的施策」を記したところでは、スポーツ産業のうち、特に力を入れていくべき分野として、大きく3つの方向性を示している。

A. スタジアム・アリーナ改革（コストセンターからプロフィットセンターへ）
B. スポーツコンテンツホルダーの経営力強化、新ビジネス創出の促進
C. スポーツ分野の産業競争力強化

これら3つについては、後ほど一つひとつ詳しく見ていくが、その前にここでは、その3つの方向性が示される前段に記された、政府のスポーツに対する意気込みとも言えるコメントに注目したい。そこにはこのように記されている。

2020年東京オリンピック・パラリンピック競技大会の開催を契機とし、国民・民間企業におけるスポーツ関連消費・投資マインドの向上、海外から日本への関心の高まりなどが予想される中、この機会を最大限に活用し、2020年以降も展望した

スポーツ産業の活性化を図り、**スポーツ産業を我が国の基幹産業へ成長させる。**（＊太字は筆者による）

この『日本再興戦略２０１６』の中にスポーツ産業が盛り込まれた要因の一つは、間違いなく２０２０年の東京オリンピック・パラリンピック開催であろう。ただ、２０２０年までは良いとしても、果たしてその先どうなるのかというのが、一般にも不安に思われることであった。政府はその点も考慮して、２０２０年以降も展望したスポーツ産業の活性化をここでうたっていると思われる。

また、２０２０年の東京オリンピック・パラリンピックだけではなく、２０２０年前後には世界のメガスポーツイベントが日本にやってくる。それは２０１９年ラグビーワールドカップ、２０２１年ワールドマスターズゲームズである。ラグビーワールドカップは夏季オリンピック、ＦＩＦＡワールドカップ（サッカー）とともに世界3大スポーツイベントの一つと言われるイベントであり、２０１９年の日本大会では北は北海道（札幌）から南は九州（福岡、熊本、大分）まで、全国の12会場で開催されるため「スポーツツーリズム」という観点でも重要である。そして、ワールドマスターズゲームズは一般市民、特にシニア年代にも開放された住民参加型のイベントで、オリンピックやラグビーワールドカップとは違って「するスポーツ」の巨大な国際大会であるという特徴がある。

このようなスポーツのメガイベントが3年連続で同じ国で開催されるというのは、今回の日本が初めてであり、これは世界から見ても、日本のスポーツ産業にとっても、市場拡大に向けた千載一遇の大チャンスなのだ。

なお、この引用文の最後に「**スポーツ産業を我が国の基幹産業へ成長させる**」とあるが、この部分はアメリカのスポーツ産業を意識した記述だと思われる。なぜなら、アメリカのスポーツ産業の規模はすでに約60兆円あると言われており、かつてアメリカの基幹産業であった自動車産業を凌《しの》いでいるという事実がある。今やGM、フォードに代表されるアメリカの象徴的存在である自動車産業の市場規模よりも、スポーツ産業のそれの方が大きいという事実は、人々の関心を引き付けるに十分であり、その規模の巨大さもイメージしやすいだろう。

それではこれから、『日本再興戦略2016』のうち、スポーツに関する具体的な記述である「スポーツ産業の未来開拓」という部分にある、3つの「新たに講ずべき具体的施策」について、それぞれ詳しく見ていこう。

スタジアムのコストはどこが持つ？

A．スタジアム・アリーナ改革（コストセンターからプロフィットセンターへ）
1．スタジアム・アリーナに関するガイドラインの策定

政府が記す「新たに講ずべき具体的施策」の最初に挙げられているのが、スタジアム・アリーナ改革である。ここには、「スポーツ観戦の場となる競技場や体育館等について、観客にとって何度も来たくなるような魅力的で収益性を有する施設（スタジアム・アリーナ）への転換を図るため、施設の立地・アクセス、規模、付帯施設、サービス等、整備や運用に関するガイドライン」を取りまとめる、とある。そしてその後、実際に『スタジアム・アリーナ改革ガイドブック』が経済産業省とスポーツ庁の共同作業でまとめられた。その内容については次の項で言及する。

もう一つ、ここで重要なのが「コストセンターからプロフィットセンターへ」という括《かっ》弧《こ》で括《くく》られた部分だ。

これまでの競技場・体育館は、ほぼすべてが地方自治体の所有物であり、コストセンター（費用の方が収入を上回っている状態。もしくは管理などが主体であるため、費用を払うばか

りで収入のことはほとんど考えていない状態）であったことは間違いない。それは、利用者から徴収する使用料などの収入よりも、電気代などの施設管理料や施設を運営・管理する人件費といった費用の方が、収入を確実に上回っていたと推測されるからである。それを今回「コストセンターからプロフィットセンターへ」と記しているということは、それらの費用を上回る収入を何らかの形で稼ぐべきだと言っているに等しい。

「競技場」や「体育館」で、いやそれらを新しく言い換えた「スタジアム」や「アリーナ」で、もっともっとお金を稼ぐべきだ——このことをはっきりと掲げたという点で、この国のスポーツ行政における考え方に、今回初めて大きなパラダイムシフトが起きたと指摘できる。

2.「スマート・ベニュー」の考え方を取り入れた多機能型施設の先進事例の形成支援

先ほど『スタジアム・アリーナ改革ガイドブック』に少し触れたが、これは、2017年（平成29年）6月にスポーツ庁・経済産業省より公表されたものだ。その中にある「本ガイドブックのねらい」では、「スタジアム・アリーナは、スポーツ産業の持つ成長性を取り込みつつ、その潜在力を最大限に発揮し、飲食・宿泊、観光等を巻き込んで、地域活性化の起爆剤となることが期待されている」と打ち出されている。
さらに、『未来投資戦略２０１７』(平成29年6月9日閣議決定)では、２０２５年までに20か所のスタジアム・アリーナの実現を目指すことが具体的な目標として掲げられ、今後、多様な世代が集《つど》う交流拠点となるスタジアム・アリーナを整備し、スポーツ産業をわが国の基幹産業へと発展させていき、地域経済好循環システムを構築していくとしていて、ここでも目指すべき市場規模と同様、２０２５年までにスタジアム・アリーナを全国に20か所造るという具体的な数値目標が設定されている。

２０１９年現在、そこに至る道筋もすでにいくつか見えていて、具体的に検討が進んでいるものの数は多い。スタジアム・アリーナに関しては、これから10年以内に日本各地でこれまでとは大きく違う風景が見られることがほぼ確実であり、非常に楽しみだ(図２)。『日本再興戦略』では市場規模が目標として大きく打ち出されているため、それを達成する手段としても、このスタジアム・アリーナには大きな期待がかかっている。スタジアム・アリーナを新設すると、建設費などの投資金額が大きくなって数値目標達成に大きく貢献すると見られているためだ。例えば、北海道日本《ほっかいどうにっぽん》ハムファイターズが北広島《きたひろしま》市に計画している「ボールパーク構想」とＶ・ファーレン長崎が長崎市に計画しているホテル・オフィスと一体化した「スタジアムシティ計画」は、それぞれの投資金額が５００億円を超

〈図２〉新設・建て替えが予定されているスタジアム・アリーナ

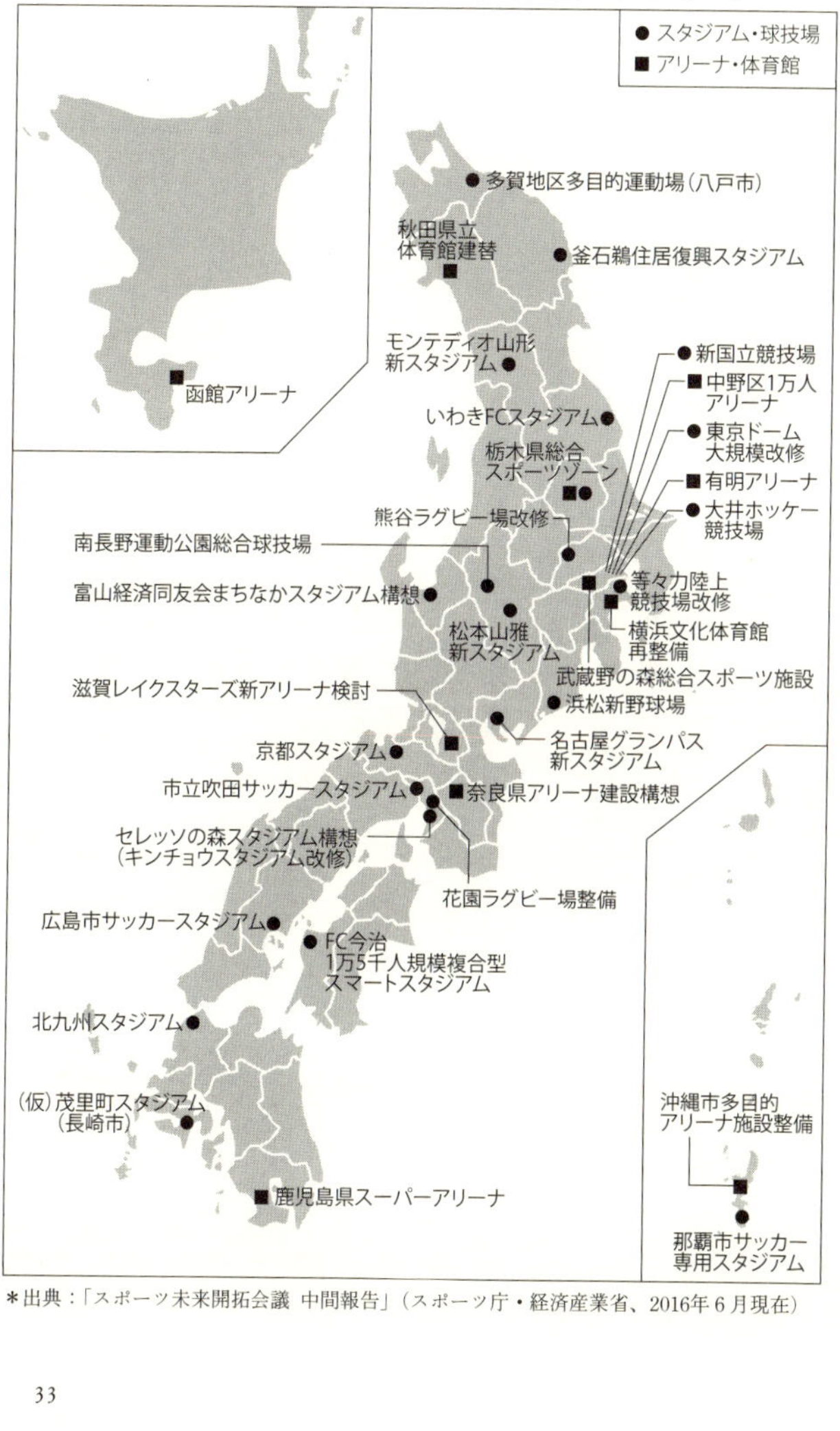

＊出典：「スポーツ未来開拓会議 中間報告」（スポーツ庁・経済産業省、2016年６月現在）

えると発表されていて、その2つを合わせただけでも合計1000億円以上の投資規模となる。現在、計画されているものの中でも、この2つの投資金額は突出して大きいが、他に新設されるスタジアム・アリーナについても相応の建設費が見込まれている。

日本版NCAAが秘める可能性

> B．スポーツコンテンツホルダーの経営力強化、新ビジネス創出の促進
> 1．大学スポーツ振興に向けた国内体制の構築

この部分の記述の中には、「日本の大学等が持つスポーツ資源の潜在力（人材輩出、経済活性化、地域貢献等）をいかすとともに、適切な組織運営管理や健全な大学スポーツビジネスの確立等を目指す大学横断かつ競技横断的統括組織（日本版NCAA［National Collegiate Athletic Association］）の在り方について」議論を進める、とある。「大学スポーツの産業化」はアメリカと比較すると一番大きな差があるところであり（日本の方がもちろん遅れている）、その分、伸び代も大きいと予想されるのだが、これまで日本の大学スポーツが教育的観点から進められてきたこと（その分、ビジネス的な主張が理解されにくかった）、体育会の活動自体が大学側からすれば課外活動であり、そもそも大学側の守備範囲ではないと

いう建前であること（実態としては、とてもそのようには考えられないが）、大学生が出場する国内大会はおもに「学連」という学生主体の組織（実態は大人も関与しているが）にゆだねられてきたこと（例えば、箱根駅伝の主催は関東学生陸上競技連盟である）、など考えただけでも産業化に行きつくまでには解決すべき課題が満載で、一筋縄ではいかないことが容易に予想される。この分野に詳しい関係者に聞いても、各論に入れば入るほど課題だらけであり、ここを一つひとつ解きほぐしていくことには一定の時間がかかりそうだ。

ただ繰り返すが、これまでほとんど手付かずだったという意味で、産業化という部分では非常にポテンシャル（潜在力）の大きい分野であり、ここに切り込んでいくことは国の「基幹産業」への道として一つの大きな突破口となることは間違いない。

すぐに実現することは難しいと予想されるが、一つの望ましい姿としては、各大学を取りまとめる組織として早急に日本版NCAAを創設し、さまざまなルールセッティングを行うこと。またビジネス面では、日本版NCAAが人気のある大会のスポンサー営業をし、放映権の一括管理をすることで収入の最大化に努めること。そしてその収入を各大学に適切に配分し、大学側はそれをスポーツ振興に使うこと。各大学にスポーツを束ねる部署を作り（名前は何でもよいが、例えばスポーツアドミニストレーションなど）大学の正式な組織とすること。そこで予算（収入と支出）を管理し、監督・コーチの人事も一元管理し、ケガをした際の保険手続きや学生である選手が学業をおろそかにしないようなルール作りなどを行うこと。ざっとこのようなことが考えられる。*2

こうなるともう、日本版NCAAと各大学のスポーツ統括部署との関係は、プロスポーツにおけるリーグと各チームとの関係そのものであり、日本国内でこれまで培《つちか》ってきた、プロ野球NPBやサッカーJリーグ、バスケットボールBリーグなどの運営ノウハウを、今後は大学スポーツにも活かしていくべきであると言える。

2. スポーツ経営人材の育成・活用プラットフォームの構築

スポーツ産業を発展させるためには、そこに携わる人材の育成、特に経営人材の育成が必要であることは論を俟《ま》たないが、このことはこれまで各スポーツ団体がばらばらに進めてきた分野であった。その進捗《しんちょく》度合いも、最終的に育ってほしい人材像も、プログラムやカリキュラムの濃度も、それぞれまちまちなのが実態である。

具体的な例で言うと、Jリーグは独自にSHC（スポーツヒューマンキャピタル）を2015年から開設しており（開設当時の名称はJHC）、サッカー界だけでなくスポーツ界全体に対する人材供給を目指している。大学においても、例えば、筑波大学は独自の人材育成システムを海外との提携も行いながら構築し、おもに国際組織で活躍できるような人材の供給を目指している。このようにそれぞれが独自のやり方と方向性で進めているのが実態であるため、これらを一つにまとめてプラットフォームを構築することは、現状から見るとかなり難易度が高いと言わざるを得ない。

ただ、ここに記されている「スポーツ経営人材プラットフォーム」(仮称)によりマッチング機能が本当に使えるようなものとなり、スポーツ組織として欲しいと思われる人材が、タイミングよくこのプラットフォームを使って採用できるようになれば、人材の流動化にも役立つため、スポーツが産業として大いに発展していくことに寄与するだろう。目のつけどころは悪くない。だが、現段階での実現性はかなり低い。これを実現させるには、かなりの馬力が必要であろう。

他産業とスポーツ界の連携が莫大な経済効果を生み出す

C．スポーツ分野の産業競争力強化
1．新たなスポーツメディアビジネスの創出

JリーグとDAZN《ダゾーン》の大型契約に代表される新たな放映権ビジネスの行方《ゆくえ》は、この先の

日本におけるスポーツビジネスの発展に大きな位置を占めると予想される。Jリーグはこの大型契約で得た資金をおもに各Jチームへの分配金として活用し、リーグとしての価値向上に努める方針だ。Jリーグは世界的に見ると、イングランドのプレミアリーグやスペインのラ・リーガ、ドイツのブンデスリーガ、イタリアのセリエAなどと競争をしており、この先、放映権ビジネスを含めたリーグビジネスの巧拙《こうせつ》が、その発展において重要なポイントとなる。リーグビジネスにおいては、放映権の取り扱いが金額面で大きなウエイトを占める。そしてリーグビジネスがうまくいき、Jリーグの価値や魅力が上がれば上がるほど、世界中から優秀な選手がやってくるだろうし、そうなればまたリーグの価値もさらに上がる。その逆もしかりである。

サッカー以外でも、プロ野球やバスケットボールBリーグ、新たにスタートした卓球のTリーグ、そして人気のある大学スポーツなど、放映権の在り方を再検討したり、新たな契約を結んだりすることが、今後のスポーツの市場規模を拡大させることにつながっていく。

インターネットを使った動画配信については、今後も注目していきたい。GAFA《ガーファ》（グーグル、アップル、フェイスブック、アマゾン）に代表されるインターネットのプラットフォーマーは、今後も優良なコンテンツに対しては多大な投資をすると予想され、スポーツが優良コンテンツとしてその投資先となることは間違いない。この部分での舵《かじ》取り次第で、日本にもスポーツが産業として大いに飛躍する可能性があるのではないだろうか。

2．他産業との融合等による新たなビジネスの創出

この部分の説明には、「スポーツと健康、食、観光、ファッション、文化芸術等との融合に留まらず、スポーツを「みる」、「する」楽しみをサポートし、拡大するため、スポーツとテクノロジーの融合、デジタル技術（ＩＴ）を活用したウェアラブルな機器の導入、新たなスポーツ用品の開発・活用、スポーツ関連データの流通促進等によってスポーツが持つ新たな価値を創造につなげる。このため、スポーツ新市場の創造・拡大等に向け、関係省庁と連携し他産業との融合化に向けたビジネスマッチング等の支援措置について検討」するとある。

このあたりについては、これまで国が関与することはほとんどなく、想像すらできなかった部分であったが、今回このような言及がされたことで、スポーツ産業以外の企業にとっても、一気にビジネスチャンスが生まれる可能性が出てきており、このことが展示会やシンポジウムにおける参加企業の増大という形となって表われてきている。テニスにおけ

るホークアイ（ボールの軌道を追いかけて、アウト／インの判定をするシステム）がバドミントンにも活用されたり、２０１８年ＦＩＦＡワールドカップで導入されたＶＡＲ（ヴィデオ・アシスタント・レフェリー）が他の競技にも活用されたりするなど、審判の代わりやその判定を補完するものとして、デジタル機器やデジタル技術がスポーツに利用されることがこれからますます増えていくだろう。

オリンピック・パラリンピックが企業における新商品の巨大なショーケースと言われるように、スポーツイベントにおけるテクノロジーの実用化が他の分野における導入の先鋒《せんぽう》となるケースもあり（スポーツは万人にとって何よりわかりやすいこと、それに伴い、企業としても予算が取りやすいことが理由として挙げられる）、ここに政府が言及したことが、スポーツ産業以外の企業によるスポーツ業界への投資拡大に影響を及ぼしていると考えられる。また、スポーツには普段からさまざまなデータがあり、実際にプレーや観戦にも活用されている。新たなデバイスの開発も含め、近年、特にスポーツ界で進んでいるのがこのデータ活用の部分である。そのため、工夫次第でビッグデータを使った新たなビジネス創出にもスポーツが貢献することが考えられる。このように、スポーツビジネスと他産業との融合という観点は可能性の宝庫であり、今後の発展が大いに期待される部分である。

3.スポーツ市場の拡大を支えるスポーツ人口の増加（年代や男女等の区別のないスポーツ実施率の向上）

この部分の説明には、「参加しやすい新しいスポーツの開発・普及等や職域における身近な運動を推奨、ライフステージに応じた運動・スポーツプログラム等の充実、障害者スポーツの環境整備等の方策について検討」するとある。

ここについては、スポーツが身近にある生活という意味では、日本はドイツなどにまだ及ばないように感じている。実際、日本は気軽にスポーツを楽しむという環境にはまだないのではないだろうか。これは「働き方改革」とも連動するテーマだと思うが、そもそも生活していく中で運動する時間や気軽に利用できる設備がないということ、スポーツ実施率を向上させるには、ワークライフバランスや健康的な生活という観点での国民の意識の変化が必要になってくるということなど、さまざまな要素が複雑に絡みあうテーマだと考える。

スポーツの競技人口という切り口で言うと、例えば、プロ野球はそれなりに売上規模で見た市場としては伸びているものの、その一方で野球の競技人口はと言うと、実は年々減っているといったデータもあり、ここは短期的な施策ではなく、長期的なグランドデザインに立った施策が必要だと思われる。

自動車産業を超えるスポーツ産業

ここまで、2016年に発表された『日本再興戦略2016』の内容について述べてきた。この戦略が発表された後も国のスポーツに対する積極的な姿勢は変わっておらず、その後に発表された『未来投資戦略2017』『未来投資戦略2018』においても、スポーツに関する言及がなされている。中でも『未来投資戦略2017』では、『日本再興戦略』において大きな柱として打ち出されたスタジアム・アリーナ改革からさらに一歩踏み込んで、「全国のスタジアム・アリーナについて、多様な世代が集う交流拠点として、2025年までに新たに20拠点を実現する」と、もう一つ新たなKPIを設定している。

国が『日本再興戦略』の中で掲げる「スポーツ産業を我が国の基幹産業へ成長させる」というのは、今の日本のスポーツの状況から考えると、少し飛躍しすぎで突拍子もないことのように聞こえるかもしれないが、すでに述べたように、アメリカではスポーツ産業の規模は約60兆円と言われており、かつての基幹産業でアメリカという国を象徴するような産業でもあった自動車産業を凌いでいるという事実がある。このような事例から考えると、日本のスポーツ産業もこの先の展開如何《いかん》では、国の基幹産業になれる可能性のある、とても夢のある産業だととらえることができる。また見方を変えると、現状がそれほどでもないということは、これから巨大な伸び代があるということであり、かつアメリカという先行事例もあるので、単純に言うと、それを真似《まね》することもできる（そのまま真似るのではなく、日本式にカスタマイズすることが必要だが[*3]）という何とも恵まれた状況なのだ。

あとで詳しく述べるが、これまでの日本のスポーツ業界に滔々《とうとう》と流れていた教育的な文脈から考えると、いきなり「スポーツの産業化」と言われても、これまで長らくスポーツに携わってきた人々は、この方針の大転換を前にして、大いに泡を食っているのではないかとさえ思われる。それほどまでにスポーツを取り巻く状況は今、大変革期と言えるような時期を迎えているのである。

「ゴールデン・スポーツイヤーズ」がやってくる！

政府が策定した『日本再興戦略２０１６』の中にスポーツの成長産業化がうたわれて、その後も国の積極姿勢が変わらないことに加えて、スポーツ産業の市場拡大が確実であるもう一つの理由は、日本における国際的な大型スポーツイベントの連続開催である。

因果関係で言えば、この大型スポーツイベントの連続開催決定という事実が、『日本再興戦略』の中にスポーツを取り上げさせた一因となったとも言えるだろう。何と言っても、２０２０年の東京オリンピック・パラリンピックが国内外に向けてシンボリックで一番目立つが、その前後にも２０１９年には、オリンピック・パラリンピック、サッカーのＦＩＦＡワールドカップに次いで世界第3位のメガスポーツイベントであるラグビーのワールドカップが日本各地の12会場で開催され、２０２１年には参加型スポーツイベントとしては世界最大のワールドマスターズゲームズが関西全域で開催される。

前述のように、世界最大規模のイベントが3年連続で同じ国で開催されるということは、世界的に見ても初めてのことである。ちなみに、3年連続で世界的な大会が日本で開催されることから、この２０１９年から２０２１年までの3年間は日本における「ゴールデン・スポーツイヤーズ[*4]」と呼ばれている。このような大型スポーツイベントラッシュによって、スポーツ業界は官民ともに今、活況に沸《わ》いている。

活況と言っても、実際にはどれくらいのお金が動くのか――。このあとは具体的にその金額について見ていくことにしよう。

スポーツの国際大会が行われる際、よく耳にするのが「国の経済効果」という言葉である。そのイベントを開催することによって、国内にどれくらいの効果があるのか。おもにそのイベントに由来するお金の動きを切り口として、新たに誘発される金額を細かく計算して積み上げ、その合計金額を「経済効果」として表わすことが多い。この「経済効果」という言葉は普段よく耳にする言葉ではあるが、具体的には何のことなのか、あまりピンと来ない言葉ではないだろうか。みなさんが何気なく耳にしたり、使ったりしている言葉だと思うので、ここではみなさんの肚《はら》に落ちるよう、できるだけわかりやすく掘り下げて説明してみたい。

２０１８年3月に『ラグビーワールドカップ２０１９　大会前経済効果分析レポート』が発表された。[*5] そのレポートによると、ラグビーワールドカップによる経済波及効果は４３７２億円、ＧＤＰ増加分（付加価値誘発額）は２１６６億円、関連する税収拡大効果は２１６億円、雇用創出効果は2万５０００人に上ると予想されている。

今回のラグビーワールドカップの効果分析では、大きく分けて3つの経済効果が計算されている。それは「直接効果」「第一次間接効果」「第二次間接効果」だ（図3）。以下、一つずつ解説していく。

「直接効果」とは文字通り、大会を実施することによって、新たに「直接」生まれる金額のことである。その中でも一番わかりやすいのは、お客さんが大会前後で消費する金額だろう。スタジアムに訪れるための交通費や宿泊費、それに試合を観戦する場合のチケット代や飲食代も含まれる。お客さんが試合日の前後に試合会場の周辺都市で観光をするかも

〈図３〉スポーツの国際大会で動くお金の規模
（ラグビーワールドカップ2019の場合）

ラグビーワールドカップの経済効果

経済波及効果　4,372億円

- 直接効果　1,917億円
- 第１次間接効果　1,565億円
- 第２次間接効果　890億円

GDP増加分　2,166億円

- 税収効果　216億円
- 雇用創出効果　25,000人
- 大会を目的とした訪日外国人客　40万人

直接効果の内訳

直接効果　1,917億円

スタジアムなどインフラ整備費用 400億円	大会運営費用 300億円	国内客による消費 160億円	訪日外国人客による消費 1,057億円
スタジアムのグランド、スタンド、照明、更衣室、アンチドーピングルームなどの諸室の設置、改修費用などによる経済効果	スタジアムなどの会場運営、大会出場チーム、大会ゲスト、メディアなどに提供するサービスに伴う支出などによる経済効果	国内客によるスタジアム、ファンゾーン、ホスピタリティプログラムをはじめ、市街地や観光地での消費による経済効果	大会を目的とした訪日外国人客によるスタジアム、ファンゾーン、ホスピタリティプログラムをはじめ、市街地や観光地での消費による経済効果

＊出典：上下とも「ラグビーワールドカップ 2019　大会前経済効果分析レポート」（新日本有限責任監査法人、2018年3月現在）

しれない。その金額もおおまかに推定して含んでいる。ラグビーワールドカップのような「一生に一度」の国際的なイベントであれば、普段あまり行かないような少し遠い会場にも、奮発して試合を見に行くかもしれない。今回、日本で開催されるラグビーワールドカップは、北は札幌（札幌ドーム）から南は熊本（熊本県民総合運動公園陸上競技場）・大分（大分スポーツ公園総合競技場）まで全国各地12会場で計48試合が44日間かけて行われる。ラグビーは激しいスポーツなので、試合間隔が他のスポーツに比べて長い。それぞれのお目当ての試合に向けて、ラグビーの試合と観光を楽しむ人々が、北から南まで大移動をすることが見込まれている。

例えば、埼玉県に住んでいる筆者が、大分で行われるニュージーランド戦を見に行くとしよう。せっかく九州まで行くので、少しゆっくりして温泉にも入りたいし、少し観光もしたいと思うだろう。飛行機代などの交通費で往復5万円、試合の前後に3泊するとして3万円、チケット代が2万円、飲食に3万円、観光に2万円使ったとすると、計15万円になる。これらがすべて経済効果としてカウントされる。

また、この「直接効果」には国内客に加えて、訪日外国人客によるものがある。ラグビーワールドカップの大きな特徴は、この訪日外国人の数が、他のイベントに比べて、非常に多いと予想されているということである。ラグビー発祥の地イギリスを中心とするヨーロッパでは、ラグビーは富裕層向け、サッカーは労働者階級向けのスポーツとして発展してきた歴史がある。今回のラグビーワールドカップでは、ラグビーが大好きで比較的裕福な富裕層が日本各地に長期間滞在するとみられている。

これらの層については、どの国でワールドカップが開催されても、世界中を旅して必ずワールドカップを見るような人々であり、ある一定数の決まったファンたちが、4年に一度、固まって世界中を移動するようなイメージなのだ。

それに加えて、特に2019年のラグビーワールドカップは、アジアで初めてのワールドカップとなる。先ほどの「ワールドカップは必ず見に行く」というような超コアなファンだけでなく、「いつか一度、日本に行ってみたい」と思っているような外国人にとっても、「日本でラグビーワールドカップがあるから、それを見に行くために今回、日本に行く」という理由をつけて訪日するような外国人も多くいると思われる。また、もともと住んでいる国からの移動だけでなく、たまたま仕事でシンガポールや香港、上海に駐在しているような、多国籍企業の駐在員などの訪日もアジア各国から見込まれている。その証拠として、2018年9月時点ですでに多くの外国人がチケットを購入している。大会の1年以上も前に、である。ちなみに今回の日本大会では、30万人から40万人のお金をそこそこ持った外国人が大量に、日本にやってくると予想されている。

スポーツイベントによる経済効果

いま述べたことを、改めて整理してみよう。

金額で見ると、国内客による消費で経済波及効果は１６０億円、訪日外国人客による消費で経済波及効果はなんと１０５７億円になると予想されている。訪日外国人の消費は日本人の数倍なのだ。よく考えると、これは大変なことである。

直接効果の中で、観客による消費額以外では、スタジアムのインフラ整備費用として４００億円が見込まれている。大きな国際大会ともなると、照明やグランドの状態などそれぞれに実施基準というものがあり、既存のスタジアム環境ではそのまま開催できないことがある。客席が背もたれ付きで何席以上必要とか、照明が何ルクス以上ないとダメだとか、ハード面での基準が細かく定められているのだ。実施を予定しているスタジアムでは、その基準に合わせるために、もしそれに足りなければ席を増設したり、古くなった照明施設を入れ替えたりする必要に迫られる。その費用が経済効果として計算されるのだ。それらの合計が、今回のラグビーワールドカップでは４００億円と見られている。

また、大会運営費用でも３００億円が見込まれている。これは組織委員会や開催自治体が負担するものだが、おもに大会出場チームや大会ゲスト、国際メディアなどに提供するサービスにかかる費用である。例えば、放送用の設備費とか大会に参加する全20か国の選手・スタッフの宿泊費と考えるとわかりやすい。

これらの金額を合計すると「直接効果」だけで1917億円になる。この金額はプロ野球12球団の1年間の売上合計に匹敵する。ちなみに、ラグビーワールドカップの開催期間は約1か月半、日数にすると44日間だ。単純に言うと、ラグビーワールドカップが開催されるだけで、プロ野球の市場がまるまるもう一つできるということだ。

直接効果に加えて、第一次と第二次の間接効果というものもある。第一次間接効果とは、開催準備期間から大会期間における、サプライチェーン全体を通じた需要の拡大である。

例えばこれには、国内外のお客さんが大会前後で消費するレストランの料理に使われる原材料の費用などが含まれる。また第二次間接効果とは、開催準備期間から大会期間における雇用増加による消費拡大を表わしている。例えば、試合が開催される都市のホテルでは、スタッフの増員が必要になるだろう。スタジアムで働くスタッフも通常の人数よりも増員が必要となる。このような費用（金額）が第二次間接効果に含まれる。

ラグビーワールドカップの経済効果について、金額をまとめると「直接効果」1917億円、「第一次間接効果」1565億円、「第二次間接効果」890億円となり、総合計が4372億円となる。

ラグビーワールドカップでこれだけの効果があるのだから、東京2020オリンピック・パラリンピックになったら、一体どうなるのだろうか。ラグビーワールドカップは種目数で言えばわずか1種目であり、オリンピック・パラリンピックは30競技以上の多種目にわたる。またオリンピック・パラリンピックともなると、大会自体の運営規模も、人々の関心も、ラグビーワールドカップとはけた違いである。そのため、東京2020オリンピック・パラリンピックの経済効果は、ラグビーワールドカップの数倍以上が見込まれるだろう。普通に考えても何十兆円にもなるだろうと思われる。[*6]

これだけの大きな金額を、例えば、何か他の産業で新たに生み出そうとすると大変難しいだろう。2019年から始まるゴールデン・スポーツイヤーズでは、かつて日本人が経験したことのない規模の世界的イベントが3年連続で日本において開催され、それに付随してかなり大きな規模のお金が動くのである。

これまでの日本のスポーツ――体育、ボランティア、アマチュアリズム

ここまで、スポーツ産業の事業環境が今ととても盛り上がっていて、この先も有望だという話を書いたが、ここで、これまでの日本のスポーツが歴史的に見てどうだったのかということに少し触れておきたい。大きな流れを振り返って整理をしつつ、今後どうなってい

くのかということを改めて示したいと思う。ここでのキーワードは「体育」「ボランティア」「アマチュアリズム」だ。

これまでの日本のスポーツはその管轄《かんかつ》が文部科学省だったこともあり、産業というよりも学校教育という側面が強かった。そもそも、明治政府の方針であった「富国強兵」からスタートし、昭和の時代に至るまで、心身ともに健康な兵隊予備軍を作り出すための教育としての「体育」が、日本における「スポーツ」の基礎となってきたのだった。そして戦後はもちろん戦争とのつながりは意識されてこなかったものの、学校の「体育」の授業でスポーツを行うということについては、特段何の変更もされず、現代に至るまでずっと変わらずにそのまま続いてきた（ちなみに、今でも学校で「体育」の授業がある）。日本にいるとこれが当たり前のように受け止められているが、これが世界的に見ると、かなり珍しい現象であるらしい。

学校の授業として「国語」や「理科」とともに「体育」が行われる――。こうした状況のせいか、もともとのスポーツの語義の由来でもある「楽しむ」とか「遊び」といった概念が、日本国民がスポーツを嗜《たしな》むにあたって、その深層に根付いていない、理解されにくい原因にもなっているようである。

そして、この学校教育における「体育」によるスポーツの発展が、これまでスポーツの産業化にとって非常に大きなネックとなっていた。どう考えても、教育の側面とビジネスの側面というのは相性が悪い。これまでのスポーツ界は教育的側面が強かったために「スポーツでお金を稼ぐのは悪いこと」といった前提が、いつのまにかみなの心の中に埋め込まれてきたのである。その証拠に、私がこれまで接してきたプロ選手もみな、お金の話が苦手で、面と向かって話をすると、何となくお金の話題は避けたいといった本心が透けて見えることが多い。子供の頃から「お金の話は汚いというような思い込み（教育の成果でもある）」が心のバリアとしてあって、最初から考えることを妨《さまた》げているようだ。スポーツの産業化を目指すのであれば、その大切な構成員であるアスリートの考え方を、まずは変えていかなければならない。

スポーツの産業化がうまくいかなかったということを、もう少し説明しよう。ここでは、読者のみなさんの身近なところでの学校とスポーツの関わりとして、「部活動（運動部）」を取り上げてみたい。

私もそうだったが、子供の頃から一生懸命に部活動を行ってきたものの、今思えば部活動はいわゆる課外活動であり、学校の正規の活動としては認められていないものだ。そして、部活動の顧問の先生や部長の先生は、スポーツを教える人としては素人であることが多い。そもそも、先生全員がスポーツ指導を専門的に学んできたわけではないので、ある意味当たり前のことである。また、学校の先生が行う部活動の指導というのは、通常の授業を教えたあと、そのまま学校に残って練習に参加することで成り立っている。つまり、部活動の指導は、課外活動であり正規の授業ではないので、部活動の指導は先生方からすると必然的に「ボランティア活動」となり、そこに新たな報酬は発生しない。さらに、部活動は平日の練習だけでなく、土日にも練習試合を行ったり大会へ参加したりするが、これも同じくボランティア活動である。当然、残業代や休日出勤手当も出ない。このようにして、学校の先生によるスポーツ指導＝ボランティアという構造ができ上がっていった。

一方、先生方の教え方においても、そもそも学校の授業における「体育」でスポーツが育まれてきたので、その延長線上として部活動においても「体育」における教え方が踏襲され、前述のような理由から、そこにはどうしても軍隊的な性格が混ざってしまう。上の意見には逆らえないなど、内容としては有無を言わせぬような力による指導となってしまうのである。そして教える側、教えられる側ともに、必然的に「お国のため」から発展した「学校のため」というような、奉仕の精神も求められることになる。

このように、教える側と教えられる側がともに教育が前提であり、またボランティアが前提なので、スポーツでは自然とプロではなく、アマチュアリズムが良しとされてきたのである。

学校の部活動以外でも、最近は小学生や中学生を対象として、地域に野球チームやサッカーチームやバスケットボールチームがあるが、そこの監督やコーチはだいたいにおいて参加している選手の親たちが務めることが多い。その際も指導は無報酬（ボランティア）である。報酬が発生することはほぼない。そして、練習試合や大会に参加する際の移動は、もっぱら選手の親たちが車を出し合って融通している。指導に報酬が発生しないので、地域のスポーツチームのマネジメント形態はここでもプロではなく、アマチュアということになる。

つまり、学校の部活動でも地域のスポーツチームでも、スポーツの現場ではボランティア精神やアマチュアリズムがより大事だとされてきた。裏を返せば、そのような精神がなければ、日本のスポーツは成り立たなかったということでもある。それらは、精神性という意味ではとても大切なことであるが、ことスポーツの産業化ということになると、やはり心理的な足枷《あしかせ》になることが多かった。このような理由で、これまでスポーツの産業化はあまりうまくいかなかったのである。

今後、日本で起こること――日本スポーツの構造的限界は打破される

このような、これまでのスポーツにおける「体育」「ボランティア」「アマチュアリズ

ム」の状況を変えようというのが、『日本再興戦略2016』で掲げられている「スポーツの成長産業化」である。それはつまり「体育としてのスポーツ（アマチュアリズム）」から「スポーツの産業化（プロフェッショナリズム）」に大きく舵を切るということだ。スポーツの産業化とは「スポーツを経済活動の一部としてとらえ直す」と言い換えられるかもしれない。繰り返しになるが、「国がスポーツの産業化に力を入れる」ことなど、今まではなかったことである。これはこれまで経済産業省ではなく、文部科学省がスポーツを管轄していたわけだから、ある意味、当然のことだと言える。

この状況を打開するため、2015年、文部科学省の外局としてスポーツをつかさどる「スポーツ庁」が発足し、文部科学省の管轄下ではあるものの本体とは別の組織が作られた。文部科学省の中でもスポーツは他とは性格の違うものという認識がされたということだ。これで「スポーツの産業化」に力を入れる体制が整った。オリンピックの金メダリストでもある鈴木大地《すずきだいち》氏が初代スポーツ庁長官となり、自ら「スポーツで稼いでください！」と、事《こと》あるごとにあらゆるイベントや国内の競技団体（協会や連盟など。まとめてNF［National Federation］という）向けの談話の中で発信をしている。

これまでとは明らかに状況が違う——。

ボランティア精神やアマチュアリズムは、それはそれで精神的には美しい姿なのだが、それだけだとスポーツは産業として発展しない。『日本再興戦略』の中にスポーツの産業化が組み込まれたということは、ようやくそのことに国が気づき、大きく方向転換しようと舵を切ったということである。

身近な例で「スポーツの産業化」について説明しよう。サッカーの指導者にはライセンス制度があり、レベル別に下から順にD級、C級、B級、A級、そしてS級まで整備されている。そしてこのライセンス制度は、S級がないとJリーグクラブの監督にはなれないなどという細かなルールを作って運用されている。そのルールを決めたり、ライセンスを取るために指導者向けの講習をしたり、ライセンスの試験をしたりして全体の管理をしているのが、JFA（日本サッカー協会）である。

こうすることで、1993年のJリーグ発足以来、多くの人が指導者ライセンスを取得したし、S級ライセンス保持者だけでも450人を超えるのではないだろうか。少なくともライセンス保有者は一定時間以上、サッカーの指導について勉強し、基礎となるような理論を学び、実地訓練もしながら指導者としての経験を積み重ねているのである。そしてその中から、Jリーグクラブの監督やコーチ、サッカースクールのコーチなど、サッカーの指導者として生計を立てることができるようになった人がたくさん生まれた。Jクラブの監督・コーチであればJクラブとの契約によって、またサッカースクールのコーチであれば、生徒からの月謝を財源とした報酬によって、堂々とお金を稼ぐことができるようになったのである。

また、お金が回ることに加えて、ライセンス制度によって指導者としての質が担保されるようになったことも大きい。これまでは監督・コーチと言ってもほとんどがボランティアで、統一された指導指針もなく、それぞれの属人的な経験に基づいて教えられていた世界だった。ライセンス制度が身分の安定とともに指導の質の向上にもつながり、それが日本サッカー全体の技術力向上につながったと考えられる。ただライセンスを取得するにもお金がかかる。JFAはライセンス受講者から受講料などのお金を徴収し、それを指導者講習の費用として使い、ライセンス取得者は自分への投資以上の価値を得ることができる（残念ながら、自分への投資以上の価値を得られない人も出てくる）。

もちろんこのライセンス制度は、トップチームから下部組織までのJリーグ全体の制度設計にもつながっている。こうして制度を整え、全体的にお金が回っていくということが、すなわち「スポーツの産業化」ということである。このように今後はスポーツにおけるいろいろな場面で、全体の仕組みを整えて、お金をどんどん流通させていくということが進んでいくと見られている。

＊1　筆者は、電通出身で「スポーツナビ」の初代社長である広瀬一郎氏が主宰していた「スポーツマネジメントスクール（SMS）」の卒業生である（2005年）。その後も2017年に氏が亡くなる直前まで、スポーツビジネスを学ぶ私的な勉強会「広瀬塾」において叱咤激励をいただいていた。

＊2　アメリカのNCAAが万能だというわけではない。大学スポーツの産業化が行き過ぎた例として、学生をプロ選手のように扱った結果さまざまな弊害が出るなど、そのまま真似るべきではないと思われる事例も数多く出てきている。

＊3　その後、議論が進み、日本版NCAAとして、一般社団法人大学スポーツ協会（UNIVAS）が2019年3月1日に発足した。

＊4　「ゴールデン・スポーツイヤーズ」は早稲田大学スポーツ科学学術院の間野義之教授が提唱したものである。

＊5　2018年3月に公益財団法人ラグビーワールドカップ2019組織委員会が発表した。内容は新日本有限責任監査法人がまとめたものである。

＊6　日本経済新聞（2017年3月7日）によると、東京都が試算した経済効果は全国で約32兆円超だという。

第2章　マネジメント論

——日本のスポーツマネジメント

日本独特の文化、出向者によるマネジメントの弊害

第1章で述べた「体育」「ボランティア」「アマチュアリズム」にも多少関係するが、これまで日本のスポーツは、「企業スポーツ」として発達してきたという側面がある。今でもプロ野球のチーム名には企業名がしっかり入っていて、広告塔の役割を担っているし、サッカーのJリーグにも、発足当初参加した10チーム（オリジナル・テンという）が、Jリーグの前身である日本サッカーリーグ（JSL）の企業チームを母体にしていた名残から、Jリーグ規則でクラブの運営母体の別組織化（株式会社化）が義務づけられていても、未だにもととなった企業による経営が行われている（これを、そのクラブの責任企業という）。

そのため、日本のスポーツ組織の中には、社長をはじめとした経営幹部や役職のない担当者も含め、親会社もしくは責任企業からの出向者が数多くいる。出向者とは、所属を元の親会社に残したまま、だいたい2年から3年くらいの間、子会社で勤務する人のことだ。残念なことに日本の大企業のほとんどの場合、出向者は本人からの希望ではなく、会社側の都合によって出される。そしてそのことが本人に伝わるのは、出向する直前であることがしばしばで、そのため当の本人は出向に対する準備期間などほとんどないのが実情である。転勤に伴う引っ越しの準備や赴任先での住居の手配など物理的な準備もあるが、出向

先となるスポーツ組織がどのような組織なのか、勉強する時間もないため、まず何より心の準備ができていないことが多いのだ。

よくある典型的な例として、次のような場面を想像してほしい。出向者がスポーツ組織で働き始める際の入社のあいさつである。

「えー、会社から急に言われてここに来ることになりました。正直チームのことはよく知らないのですが、同じグループ内で頑張っているチームというのはもちろん知っていました。これまで一ファンとして、ひそかに応援はしていたのですが、自分がまさかここで働くとは思っていなかったので、とても驚いています。でも、できる限り精一杯頑張ります」

もし、親会社から出向で来た人に、初日からこんなあいさつを聞かされたとしたら、やる気のあるプロパー社員たちにとってはたやすくこの先の展開が読めてしまい、暗澹《あんたん》たる気持ちになるはずだ。このような出向者は最初のうちは普通に働くものの、そのうち必ず働かなくなる。周りのプロパー社員とはそもそも働く熱量が違うし、スポーツ組織は忙しさも半端ないのである。そしてあろうことか、仕事ができないにもかかわらず、バリバリ働くプロパー社員よりも給与が高かったりするので、そのうち組織内で浮いた存在になっていく。そして半年くらい経つと、指折り数えて出向元に帰る日のことを考え始めるようになるのである。こういうあいさつを何回も聞かされると、「ああ、また来たか……」ということで組織全体のモチベーションは間違いなく下がる。そこで働く人々に「こりゃ、どうしようもないな」というあきらめのような気持ちが芽生えてしまうわけだ。実はスポーツの現場では、親会社の人事異動のスケジュールに合わせて、このような光景が毎年のように繰り返されている。

　このことが、組織運営に及ぼすデメリットは計り知れない。スポーツ組織は、卒業を控えた大学生から見ても、一般的な転職市場においても、働く場所としては大変人気があるにもかかわらず、経営の現場では大事なポストをやる気のない親会社からの出向者に充《あ》ててしまっているのだ。グループ外から採用すれば、やる気もスキルもある良い人材が採《と》れるのは確実なのに、非常にもったいない。親会社の経営者や人事担当者には、早くこのことに気づいてもらいたい。

スポーツマネジメントに課題はないか

　第1章で、現在の日本のスポーツビジネスは事業環境が極めて良いと述べた。その根拠は、少子高齢化でほとんどの市場が縮小することが確実な日本で、スポーツビジネスは数少ない市場拡大が予想される、いや国が後押しをしてまでも、市場規模を伸ばすべきビジネスの一つとして政府にピックアップされているからである。

また、これまでのスポーツは、学校教育で教えられる「体育」として発展してきたために、ボランティア精神とアマチュアリズムという考え方や前提によって、産業としてはあまり発展してこなかった。だが、ここ数年で政府がこれを打破するため、思い切って「スポーツの産業化」に舵を切ったことも解説した。

しかしその一方で、そうまでしているにもかかわらず、ごく一般的な感覚として、「この先、スポーツが産業として急速に発展する」といった期待と実感を、みながまだ十分に得ていないのではないか、という疑念は強い。サッカーやラグビーのワールドカップで日本国中が盛り上がっても、それが終わるとブームもすぐに去ってしまうのではないか、スポーツ業界では次から次に不祥事が起きていて、課題も多く、産業としての発展など到底望めないのではないか――。国民の大多数の感情としては、まだまだそのような感じなのではないかと推測される。

この疑問を言い換えると、つまり日本のスポーツ業界は、まだ恵まれた事業環境を十分に活かし切れていないということになる。政府がスポーツの産業化にこれだけ力を入れ、スポーツのビッグイベントが目白押しな時なのだから、この動きに敏感に呼応してグッと伸びてくるようなスポーツ関連企業や団体が、もっともっとあっても良いはずなのにそれがない。プロ野球球団は12球団から増えることはなく（つまりプロ野球全体としての売上増大は大きく見込めない状態にある）、そうするうちに野球の競技人口はついに減少し始めている。Jリーグが1993年に発足して25年以上たっているにもかかわらず、売上高が100億円を超えるようなクラブは、残念ながらまだ出てきていない。ちなみに、中国ではJリーグより後発ながらも予算が100億円を超えるクラブがいくつかあり、ヨーロッパや南米から優秀な選手や監督をどんどん獲得している。規模感だけで言うと、ヨーロッパのクラブには売上高が600億円、700億円といったようなクラブがあるのに対し、日本のクラブはすべて100億円以下というのが現状である。

その結果、日本のクラブはACL（AFCチャンピオンズリーグ）では望まれるような成果を出すことができていない。FIFAワールドカップやアジア大会の成績などから考えると、国の代表レベルでは日本がアジアチャンピオンであり、アジアのサッカー界を日本が当然引っ張っていかなければならない立場であるにもかかわらず、クラブレベルではまだそうなってはいないのだ。これは端的に言うと、クラブ単位でのマネジメントが、世界各国のクラブのマネジメントに負けているということである。サッカーだけでなく、あらゆる競技において日本のスポーツマネジメントは海外に劣っている。この点について、この章では論じていきたい。

事業環境が良いのに、日本のスポーツ産業がブレイクしない理由は、一言で言うと「マネジメント（経営）の問題」である。スポーツ産業を取り巻く環境がこれほど良いにもかかわらず、売上が劇的に伸びて、誰もが成長産業と認めるような事例や変化を世の中に示せていないのだ。このような良好な事業環境の恩恵を受け切れていないのは、要するにマネジメントがうまくいっていない（機能不全）からである。

マネジメントがうまくいっていないというのはどういうことか。

例えば、Jリーグで言うと、ガンバ大阪、FC東京、名古屋グランパスなど主要なJリーグチームは、親会社から経営者がやってくる（表1）。ガンバ大阪にはパナソニックから、名古屋グランパスにはトヨタ自動車から、いわゆる天下りで社長がやってくる。セレッソ大阪に至っては、メインスポンサーであるヤンマー

〈表1〉Jリーグクラブの経営母体

Jチーム	経営母体
ガンバ大阪	パナソニック（旧松下電器産業）
名古屋グランパス	トヨタ自動車
セレッソ大阪	ヤンマー（旧ヤンマーディーゼル）・日本ハム
柏レイソル	日立製作所
鹿島アントラーズ	日本製鉄（旧住友金属工業〔新日鐵住金〕）
川崎フロンターレ	富士通
FC東京	東京ガス

＊著者作成、企業名は2019年4月現在

と日本ハムから、2〜3年ごとに交代で社長がやってくる。セレッソ大阪は、もともとヤンマーのサッカー部が発展してできたサッカーチームであるためか、筆者の感覚で見たところ、ヤンマーから来た社長はどちらかというとチームの強化に力を入れたがる。一方、日本ハムはプロ野球球団も持っている会社なので（プロ野球の北海道日本ハムファイターズの親会社でもある）、スポーツ経営の知見や感覚がすでに会社の中にあり、それによって、どちらかというと営業系や事業系の方に力を入れる傾向にある。

そうすると、一つのチーム（クラブ）において、社長が交代するタイミングである2〜3年おきに、力を入れるポイントが強化に振れたり、営業・事業に振れたりする。つまり、一貫したクラブ経営になっていないのである。これがマネジメントとして問題なのだ。長期的な視点に基づいたブレのない経営ができていないので、結果として、短期間で昇格や降格を繰り返すようなグラグラした経営になっている。これはどちらかというと、経営者個人の能力の問題というよりは、そのような仕組みの問題と言えよう。

Jクラブに社長を出すような親会社の感覚を推測すると、そもそもJリーグの発足以前、自社のサッカーチームは会社のサッカー部であり、選手はすなわち会社の仲間であった。つまり、その時の感覚がまだ抜け切れていないのではないだろうか、と思う。Jリーグ発足以前は、サッカー部の担当責任者と言えば人事部長だったり、総務部長だったりしたわけで、Jリーグが発足して運営会社が株式会社となり、形の上では親会社から独立した形になったとしても、これまでの感覚の延長線上で、また社内の人事異動の感覚で、社長を親会社から出すということについて、何の疑問も持っていないのではないかと思われる。

チームの設立以来の歴史、チームに対する貢献度、そして毎年拠出《きょしゅつ》しているスポンサー料の額から考えて、自分の会社から社長を出したくなる気持ちもわからなくはないが、それでクラブが本当に良くなるかというと、それは別の問題である。世界に名だたる大企業が後ろについていながら、本当の意味でJクラブの経営がなかなか良くならないという現状は残念なものである。

2〜3年ごとに社長が変わるということもそうだが、これまでスポーツビジネスにまったく関係がなかった人が、親会社からの天下りで社長になったり、スポーツビジネスをきちんと勉強したことがない人が社長になったりすることに弊害があることは、ファン・サポーターをはじめ、すべてのステークホルダー（利害関係者）の目から見ても明らかであり、しばしば問題になるのだが、その都度、なぜかこの問題は立ち消えてしまう。みな「天下りの社長では良くならない」とわかってはいるのだが、あきらめているのだろう。

もっと言うと、そのように天下りで来た社長が、優秀であればまだ良い。社長として素早く自分の置かれている現状を認識し、自分や組織をそれにアジャスト（適応）させ、クラブとしてやるべきことをやれれば、きっと良い経営ができるだろう。それならば優秀な経営者である。ただ残念ながら、筆者がこれまで見てきた限り、サッカークラブの経営というのは、それぞれの親会社の本業からは大きく外れた事業領域であるため、そうやって天下りで社長になるような人は本社の出世争いから外れた人がほとんどであり、優秀な人などなかなかやってくるものではない。これでは、とてもクラブは良くならない。そういう意味では、「100年構想」を掲げるJリーグといえども、まだまだ本当の意味での地域密着のクラブにはなっておらず、マネジメントの側面から見ると、プロリーグ化以前の〝伝統的な〟日本の実業団チーム時のマネジメントとたいして変わらないというのが実態である。

ここが今後、日本のスポーツが成長するかどうかの分かれ道だと思う。これからの親会社とスポーツ運営組織の関係として、私が考えるあるべき姿はこうだ。

親会社は「金は出すけど、口は出さない」が理想である。親会社または筆頭株主（場合によってはトップスポンサー）として必要な資金は出すが、スポーツビジネスを応援する理由、または本業に活かすためにグループ内にスポーツ会社を持って資金を出す理由を明確に持ち、その理由に基づいた会社としてのやりたいことを実現するため、優秀な経営者を社外から調達し、一事業としてその経営者に経営を任せるのだ。スポーツ以外の分野を見渡すと、世の中ではプロ経営者の起用がかなり一般的になってきている。スポーツビジネスの分野でも早急にそうするべきである。プロ経営者に対しては、当然のこととして経営成績をシビアに評価し、プロとして遇する。そして万が一、経営成績が目標に届かないならクビにする。それくらいでちょうど良いのではないか。

今後はそうしなければ、これまで通り、スポーツビジネスはポテンシャル（潜在能力）があってもそれを活かしきれず、劇的な成長などこの先もないのではないだろうか。「（Jリーグができて）選手がプロになった。次に審判がプロになった。次は経営者の番である」。ご自身、指導者からサッカークラブであるFC今治《いまばり》の経営者となられた元日本代表監督岡《おか》田《だ》武《たけ》史《し》さんがおっしゃる通りである。

次項以降では、具体的に親会社からの天下りの社長がなぜダメなのか、ビジネスの現場では実際にどのようなことが起こっているのか。スポーツビジネスのマネジメントの実態を詳しく現場レベルで見ていこう。

スポーツマネジメントの実態

スポーツビジネスというのは、マスコミをにぎわすような華やかな側面がどうしても目立つ。しかし、その裏側で日々、現場で行われているのは、他のビジネスと同じことであり、とても地味なものである。スポーツビジネスといえども、運営会社は株式会社であることが多く、他のビジネスと同じように普通に組織があって、働く人がいて、企画を出し、会議をして、売上を上げ、必要な経費を払っている。つまり、スポーツビジネスの世界は、みなが普段目にする表の部分、例えば、公式試合を運営し華やかなイベントを企画して稼ぐことに従事する人たちばかりでなく、それを裏で支える人々が他の産業と同じように、ごく普通に働いているところでもあるわけだ。この構造はスポーツに限らず、他のエンターテイメント産業でも基本的には同じである。ただ、スポーツビジネスについては、他のビジネス、例えば音楽業界やレジャー産業などと比べると、少し特徴的な構造が見られる。

その顕著な例の一つが、経営者の問題である。前項でも書いたが、プロ野球やJリーグの経営者は親会社からの出向組や天下りがほとんどである。そして、そこで働く職員も親会社からの出向者が多い。ただ、そのことが原因で、スポーツビジネスの成長が妨げられていることがある。では、なぜそれがダメなのか、なぜそれがスポーツ組織でうまく機能しないのか、次に見ていこう。

人材の壁

スポーツ組織では一体どのような人々が働いているのだろうか。一般的な企業と比較して、スポーツ組織では実にさまざまな人が働いているケースが多い。これをタイプ別に見てみよう。

〔タイプA〕親会社からの出向者
〔タイプB〕運営組織が独自に採用したプロパーの正社員
〔タイプC〕運営組織が独自に採用した契約社員
〔タイプD〕専門性の高い業務を担ってもらうために、運営組織がその人個人やその人が所属している会社と業務委託契約を交わしているケース
〔タイプE〕運営会社の取引先やスポンサー、または親会社の取引先から「出向者」として来ている人

ざっと書いても、こうしたさまざまなタイプの人が一緒に働いているのが、スポーツ組

織である。それもほとんどの場合、規模としては総数100名以下だ（従業員数の規模という点では、ほとんどが中小企業と言える）。そして、このタイプAからEの中にそれぞれスポーツ経験者（昔プレーヤーだった人）が少なからず混じっている。

これは一体どのようなことなのだろうか。このような組織の中ではどのようなことが起こるのだろうか。

一見してわかるのは、職員一人ひとりの出自や経験、培ってきた能力や見ている先が、それぞれバラバラであることだ。それをまとめていくのはなかなか難しく、必然的にマネジメントの難易度は高くなる。つまりスポーツ組織は、さまざまなタイプの職員が一堂に会して働くという意味で、典型的な「カオス組織」なのである。何のために働くか、誰のために働くか、それぞれで違うため、これらを束ねるにははっきりした経営理念とそれを各所に落とし込む仕組み、そして相当に優秀な現場マネージャーが必要となるのだ。

スポーツ組織がそのような「カオス組織」である一方、スポーツチームの親会社になるような会社は、たいてい伝統的な大企業である。当たり前だが、伝統的な日本の大企業はスポーツ組織のような「カオス組織」には決してなっていない。どちらかというと、入社した時から終身雇用で、社員同士が何十年も一緒に過ごしているような「モノカルチャー」である。そのため、社内では多くを語らずとも阿吽《あうん》の呼吸で会話が通じる場合が多い。

同様に、親会社から天下りでスポーツ組織に来る経営者は、モノカルチャーの中で長年育ってきた人がほとんどである。ただ、天下った先のスポーツ組織は先述のようなカオス状態なので、これまで通じていたマネジメント手法はまず通用しない。組織としての背景や、社内文化の成り立ちがまったく違うので、モノカルチャーの中で育った天下りの経営者とカオス組織であるスポーツ組織とは相性が悪いのである。

天下りの経営者のみならず、親会社から出向してくる［タイプA］の社員の資質が、スポーツ組織が求める人材の資質と違うというケースも実は多い。プロ野球球団の親会社やJクラブの元となった企業は、傾向として、メーカーや鉄道会社や新聞社というような、伝統的で、どちらかというと安定した大企業である。スポーツ組織の職員というのは、顧客を楽しませるエンターテイメント性が求められるので、そこで求められる資質というのは、安定した企業で求められる資質とは相いれない。リスクを恐れず、クリエイティブに事業を進めるべき人と、リスクを最小限にして、事業を安定的に運営するよう教育されてきた人とは、資質がまったく違うのである。

こう考えると、親会社からスポーツ組織である子会社へ、親会社の人材をそもそも出向させる方がおかしいのではないか、とさえ考えてしまう。これまで私が見てきた限りでは、親会社の人事担当者は、そのような資質の違いによるギャップというところまで深く考えてはおらず、ただ単に人が足りないからとか、費用が新たに発生しないから安くて便利だ（すでに雇用している人材を動かすだけなので）といった理由で、親会社の人材をスポーツ組織に出向させているケースが多いように思う。

このように、求められる人材や仕事内容が本人の資質や能力とマッチしていないケースが、日本のスポーツ産業の現場においては数多く存在する。ここでもまだ、スポーツビジネスに対する理解は進んでいないのである。

誤解のないように言うと、出向自体が悪いというわけではない。もし本人が望んで出向しているのであれば、まだ良いのだ。なぜなら、その本人にやる気があるからだ。本人にやる気があるのであれば、そしてある程度、年齢が若ければ、新たな業務内容に対する理解とそれに必要な資質が本人の努力次第で身につくこともある。出向させる人、例えば親会社の人事担当者がスポーツ組織に出向させる人を厳選し、出向してからのスポーツ組織内での仕事内容についても理解を深め、その上で出向者をどのように育てるのかというプログラムがきちんとあれば、出向先であるスポーツ組織内においてもうまく回っていくケースが出てくるのではないかと思う。

スポーツ組織はカオスであり、ベンチャー的であるので、大企業では経験できないような幅広い業務に携わり、親会社ではありえないような意思決定のスピードを目の当たりにすることができる。その中で、ポテンシャルはあるものの、親会社ではなかなか成長できなかったような若手が、スポーツ組織を経たことで、輝いて戻ってくるようなケースもある。例えば、親会社に営業機能がないような会社から来た出向者が、スポーツ組織で法人スポンサー営業を経験することによって、親会社に戻ってからは会社全体に営業マインドを移植し活気を注入したり、プロダクトアウトの企業文化だった会社を、顧客第一主義（マーケットイン）の企業文化へと変えたといったケースだ。

親会社の人事担当者としては、グループ内にこんなに特徴的な組織があるのだから、そこを積極的にかつ上手《うま》く利用すると良いのではないか。そして、親会社にはないカルチャーであるカオス組織に若手を放り込んでたくましく育てる。さらに、ベンチャー的な組織の中で年齢以上のさまざまな仕事を短期間に経験できる機会にもなる――。そこでは親会社で経験する以上の責任や権限を与えられることもあるのだ。

こう考えると、社員の教育の場としてスポーツ組織はもってこいなのである。これを使わない手はない。

ルールの壁

先ほども述べたが、スポーツマネジメントといえども、日々やっている業務としては通常の企業経営とさほど変わらない。その中で、プロ野球球団やJリーグクラブの運営組織において、親会社の勤務形態や就業規則がそのまま適用されている場合がある。だが、親会社と違ってカオス組織だったり、ベンチャー的だったりするスポーツ組織には、大企業向けに策定された就業規則はどうしても不向きである。この点は説明せずとも、何となく想像していただけるのではないだろうか。

例えば、あるJリーグクラブでは、クラブの就業規則が親会社のものをベースとして作られていて、内容がほぼ同じというクラブがある。クラブの就業規則を制定する際、その時の担当者はあまり内容について吟味しなかったのではないかと想像される。Jリーグクラブには当然だが、ホームゲームを運営するという業務がある。Jリーグのホームゲームは金曜日の19時キックオフだったり、日曜日の13時キックオフだったりする。試合の前後には準備や後片づけのような業務もある。つまり、金曜日の19時キックオフだと試合終了は21時頃になり、その後、後片づけをすると深夜近くになることもあるのだ。そうなると本来、就業規則もそれに合わせて作られている必要があるのだが、そうなっていないことが多い。

このように、就業時間や休日の取り方など、親会社とスポーツ組織では実態としてまったく違うにもかかわらず、就業規則が親会社のそれと同じであると、実際に働く際には困るのである。親会社の就業規則に、例えば平日の午前9時から午後6時までの勤務とあったら、それがスポーツ組織でそのまま適用されても困るだろう。考えられないかもしれないが、スポーツ業界にはまだそういうところがある。

またスポーツ組織の中には、就業規則はあったとしても、人事規則についてはまだきちんと整備されていないというところが多い。人事規則の中でも、人事評価システム、昇格や昇給のシステム、そのもととなる給与テーブルなど、親会社や通常の事業会社であればあって当たり前のものが、スポーツ組織においてはそれがないか、あったとしても実際にはうまく機能していないようなケースがほとんどである。そうなると、どうしても働く方は落ち着いて長く働くことが難しくなる。この先、どのような給与になって、どのようなキャリア形成ができるのか、若いうちはまだいいとしても、結婚してから果たして長く勤めることができるかどうか、不安だからである。JリーグクラブやBリーグクラブやプロ野球球団では、せっかく苦労して入ったものの、数年間勤めた後、実態を知り、給与やキャリア形成に不満を持って辞めていく人が少なからずいる。私の過去の同僚も、何人かはそのようにして辞めていった。そのたびに残念に思ったものだ。

スポーツ組織において、人の入れ替わりが激しくなる要因の一つが、この人事規則の不備または機能不全によるものだ。スポーツビジネスで働くということは、一般的にはあこがれの対象であり、実際に人気も高いのだが、応募者が多いということに隠れて、スポーツビジネスの外に出ていく人もそれなりにいる。それが目立たないというのが、この業界の特性でもあるのだが、よくよく見ると人材は出たり入ったりしている。

これを解決するには、普通の事業会社と同じように、当たり前に人事規則を整備してきちんと運用していくしかない。先ほどスポーツ組織はベンチャー的な性格があると書いたが、今のベンチャー企業経営において常識として重要だとされているのは、人材の採用にお金と手間をかけることである。究極的には企業は人であり、人数が少ない分、その採用と育成、その後のキャリア形成に目を配ることが一般的なベンチャー企業経営では非常に大事だとされている。社長の仕事の半分以上が採用活動だと言い切る経営者もいるくらいだ。スポーツ組織はベンチャー的な性格があるのだから、組織運営に関する要点もベンチャー企業と同じである。スポーツ組織の経営をする際は、ルール面、特に人事規則のところが特に重要であり、整備されるべきポイントである。

もう一つ、インセンティブについても書き記したい。

スポーツビジネスはドリームビジネスと言われ、多くの人があこがれる職業であるが、読者のみなさんもご存知のように、一般の職業よりも給与が低い。これは、給与が低くてもやり甲斐があるためにやりたい人が多くいるから、これまで成り立ってきているのである。だが、このままでは優秀な人が持続的に入ってこない、または優秀な人が入ってきてもすぐに辞めてしまうという意味で、スポーツ産業としての発展は限定的であると言わざるを得ない。例えば、ベンチャー企業であれば、優秀な人に入社してもらう時には、給与などの報酬は低くても、ストックオプションなどのインセンティブをつけることがあり、働き甲斐を提供し、その人の能力を活かして、未来に希望を持ちながら一生懸命に働いてもらうような仕組みが出来上がっている。スポーツビジネスの仕事は楽しく、働き甲斐があることは間違いないが、このインセンティブという面においても、まだまだ整備が遅れている。そのため、この点を解決できた企業に優秀な人材が集まり、この先、伸びていくのではないかと想像している。

能力の壁

経営者もそうであるが、中には部長などの中間管理職として出向してくる人の能力が、スポーツ組織で求められるマネジメント能力に達していないケースもある。また、日本の悪しき慣例として、伝統的な会社組織では、親会社から子会社へ出向すると、親会社での役職が子会社では無条件に一段階上がる場合があるが、この制度もこれに拍車をかけている。

この悪しき慣例というのは、その人が特段、優秀だから昇格するということではなく、親会社から子会社に出向する際、自動的にそうなることを指す（その人に対する罪滅ぼしの意味があるのだろうか）。例えば、親会社の営業課長がその子会社であるスポーツ組織に行くと自動的に営業部長になるようなケースである。マネジメント能力が課長のそれであるのに、マネジメントの難易度が本社よりも高い（難易度が高い理由は、先述の「カオス組織」によるものである）スポーツ組織で部長をやることになると、その人にとっては差が二段階広がることになり、その人にとっても、組織にとっても不幸なことになる。ここについては、あまり公になることはないが、私が経験してきた中でもこうしたケースをたびたび目にすることがあった。そういう人は結局、どうなるかというと、当人のマネジメント能力と、スポーツ組織から求められるマネジメント能力とのギャップによって、現場で機能せず、任期をまっとうできずに失意のもと、親会社へ戻される。その人も気の毒なのだが、組織としても迷惑な話である。

これは明らかに親会社の人事部のミスジャッジであり、それによる不適合なのだが、これも残念ながら、スポーツビジネスにおける負の部分と言える。これは、そもそも子会社への出向は一段階上がるという、スポーツビジネスに限らず、一般的な日本企業における人事制度としての不備（悪しき慣例とも言える）が生んだ悲劇と言えるが、一方、親会社の本業とスポーツ事業との間にあまり関係性がないというケースが多いことから、スポーツ組織に出向させるにあたって、適当な人材が出せないという問題でもある。ここにおいても、親会社がスポーツ組織を持つことの是非や、親会社からスポーツ組織である子会社へ経営者や管理職相当の人物を出向させるということの問題点が、議論の的となる。

大企業における子会社としてのスポーツ組織運営については、そろそろ考え直した方が良いのではないか。これまでの日本のスポーツの成り立ちを考えると、スポーツがそもそも「教育的側面」から発展していることもあり、スポーツ組織が収支の面でビジネスとして独り立ちするようなことは、これまで一般的に考えにくかった。つまり、原則としてコストセンター（収支は赤字）だったのである。そのため、スポーツ組織がその企業グループにおけるビジネス上の重要性という意味では、極めて低い位置づけだったのであろう。どちらかというと、社会貢献とかＣＳＲ（社会的責任）の側面で企業グループの中では位置づけられることが多かったのではないかと推測される。

ただ近年は、スポーツビジネス単体でも黒字を出すケースが徐々に出始めている。たとえスポーツ組織であっても、マネジメント次第で収益を上げ、黒字にすることは可能なのだ。例えば、プロ野球の横浜DeNA《ディーエヌエー》ベイスターズのように、グループ経営においていくつかある事業の中でも、特にスポーツ事業が重要な位置を占めるようになってきたケースもあるくらいだ（横浜ベイスターズを運営するDeNAは、スポーツ事業を皮切りにして、その先のまちづくり事業まで視野を広げている）。

また、スポーツチームはマスコミに取り上げられることが多く、良くも悪くも世間に対する影響度が高い。この点において、スポーツ組織は企業ブランドのイメージを上げる（または下げる）ということでも重要な役割を担っており、レピュテーション（評価・評判）が世間に与える影響から考えても、その企業グループにおいて重要な役割を担っていると考えることもできる。

だから、そこに送り込む人選は、親会社としてきちんと吟味した方が良いのではないだろうかというのが、ここでのメッセージである。つまり、スポーツ組織にその企業グループの「エース」を送るべきだということだ。すでに結果を出しているようなエースを送るか、または若手でやる気のある人物を抜擢《ばってき》して、その人に思い切り好きなようにやらせてみる。スポーツビジネスの事業環境は良く、スポーツビジネスは大きく化ける可能性があるのだ。

良い人材を送ること、または良い人材を外から持ってくること――。

それが、その企業グループにとっても、日本のスポーツビジネス界にとっても、一番可能性があって楽しみなことだと思う。スポーツがコストセンター（収支は赤字）のままではスポーツビジネスの永続的な発展は望めない。良い人材を入れて、できる限りプロフィットセンター（収支は黒字）化すべきである。

異質を受け入れる器量

こうしてスポーツマネジメントの実態を見ていくと、スポーツ組織の経営がまだ多くの人に、ビジネスとしてきちんと理解されていないということがわかる。これは、私がこの本を書いている動機の一つでもあるテーマだ。

一つひとつを見ていくと、通常のビジネスでは当たり前のことが、「スポーツだから」という理由によって現場でなかなか実行されていないケースや、スポーツビジネスに対する理解が、親会社の方で足りていないことに起因するケースがほとんどである。スポーツに長年関わり、スポーツビジネスに携わっているはずの親会社がこれなのだから（そういう実感すら、これまでなかったかもしれないが）、これまでスポーツとはあまり関係のなかった人々に、まだスポーツビジネスが理解されていないということは、仕方のないことだと言えるかもしれない。これからスポーツビジネスをもっと良くしていくためには、まずスポーツ組織を子会社に持つ親会社が、スポーツをビジネスとして正しく認識すること、これまでのスポーツの置かれた状況とは違い、現在は一大転機にあるということをきちんと把握すること、そして、それにふさわしいマネジメント体制を考えて、そのような人材を揃え、しかるべき組織体制を組むこと。このようなことが今後は求められる。

一方、スポーツマネジメント側からすると、親会社の人々を含むあらゆる人々にスポーツビジネスを正しく理解してもらえるように、これからは一般企業では当たり前とされるレベルで経営成績の開示などを含め、しっかりとアカウンタビリティ（説明責任）を果たし、情報公開と情報発信をしていくことが求められる。さらに望ましいのは、スポーツ界以外の企業とのコラボレーションを進めることだろう。スポーツ界以外の考え方に耳を傾けるということが、これまでのスポーツ界には足りていなかったのだ。そのために、タコツボ的な発想で旧態依然のマネジメントを続けてきてしまっているのである。

またこのような活況の中から、おそらくは今あるスポーツビジネスをハブとする連携が出てくるはずだ。そこからは、それに関連するあらゆる技術やビジネスモデルをスポーツの内側に取り込んでいくような動きが広がっていくと予想される。世の中、オープン・イノベーションの時代なのだ。そしてその時、マネジメントとして求められるのは、スポーツビジネス側が外から異質なものを受け入れる柔軟さである。

そのような意味でも、これからは親会社の中からの天下りでスポーツ組織に経営者を出すのをやめ、スポーツビジネスの専門家や別のビジネスの経験がある「プロの経営者」を、スポーツ組織のトップに据える必要があるだろう。競技者から引退して、その後もその競技の周辺にいるような人ではダメである。マネジメント候補者には、その人が社内出身であっても、社外出身であっても、スポーツビジネスを良い業界にしたいというやる気と信念のある人材を発掘し、どんどんチャンスを与えることが重要である。そうすることが、スポーツビジネスの永続的な発展につながると、私は確信する。

社長が変われば組織は変わる――長崎の奇跡

「組織はそのトップの器《うつわ》以上には大きくならない」という言葉がある。裏を返せば、社長が変われば、組織は大きく変革するということである。通常の組織以上にスポーツ組織は劇的に良い方向に変わる可能性がある。なぜならスポーツビジネスは繰り返して言うように事業環境が良く、ポテンシャル（潜在的な可能性）があるからだ。

「社長が変われば組織は変わる」。その典型的な例がサッカーJリーグのV・ファーレン長崎だろう。地方のサッカークラブであるV・ファーレン長崎は、2017年の年初に深刻な経営難が明らかになり、一気に滅亡の危機を迎えた。まず、Jリーグライセンスの規程により、J2からJ3に降格させられる可能性があり、また累積赤字の蓄積によって倒産する可能性すらあった。その時は私も真剣に「本当につぶれるかもしれない」と思い悩んだものだ。いくつかの紆余曲折の末、その年の4月にジャパネットホールディングスがV・ファーレン長崎の親会社となり、ジャパネットたかた創業者の髙田《たかた》明《あきら》氏がクラブの社長となった。そして、そうなった途端、特に監督や選手が入れ替わったわけでもないのに破竹の勢いでJ2を駆け上がり、なんとJ2の22チーム中2位となり、たった1年でJ1への自動昇格を果たしたのだ。

劇的な飛躍のカギは、髙田社長が就任してすぐにチームに安心感を植え付け、選手たちが、やるべきことに集中できたからだという。髙田社長はチームメンバーに対して、「経営はこちらがやるので、みなさんは安心してやるべきことをやってほしい」と言って経営不安による雑念を一掃し、シーズン途中には「J1に昇格したら全員でハワイ旅行だ!」といった老練な経営者ならではとも言える遊び心も交えつつ、選手たちのモチベーションを上げていった。そしてシーズン後半には、本当に勢いが出てどんなチームにも決して負けないようなチームとなったのだ。

また髙田社長は、これまで通信販売という本業で培ってきたノウハウを駆使して、自ら先頭に立って出演するなど、積極的に長崎県内でTVコマーシャルをたくさん流し、その結果、スタジアムには数多くの観客が訪れるようになった。たくさんのファン・サポーターが集まれば、その中でプレーする選手たちもさらにやる気が出る。こうして髙田社長は就任から1年もたたずに、J2からJ1への昇格を果たした。Jリーグクラブにおいて、社長が変わったことによって経営成績だけでなく、チーム成績にも劇的な変化が起こった。おそらく、25年以上たったJリーグの歴史においても、これは初めてのことではないだろうか。まさに「長崎の奇跡」である。

ちなみに、髙田明氏にはこれまでスポーツビジネスの経験はない。ただ、「お客様を幸せにするということ。これを第一に考えると、サッカーもこれまでやってきたことと同じ」と語っており、地域の人のために地元のクラブを救うという、非常に前向きな気持ちと経営の本質をとらえて実行するという本来の経営者としての力があった。

このように、経営者のマネジメント次第で、経営成績も、チーム成績も、劇的に変わることがあるのがスポーツビジネスの難しいところであり、面白いところでもある。先述のように、今後、日本のスポーツビジネスを伸ばすとすれば、Jリーグクラブやプロ野球球団の社長には、スポーツビジネスのスペシャリストか、他の産業で結果を出した経営者を据えるべきだろう。アメリカやヨーロッパの球団やクラブで親会社からの「天下り」など聞いたことがない。まず、スポーツに興味もなく、経験もないような親会社からの天下り経営者を根絶させることが、日本のスポーツビジネスを産業として飛躍的に成長させる第一の処方箋であると私は考える。これは、政府の『日本再興戦略』を実現させていく上でも重要な視点だと思う。

選手に投資するのはナンセンス——DAZNマネーの使い方

JリーグはDAZNとの放映権の長期契約[*1]によって、そこで得た契約金を分配金としてJリーグに所属する各クラブに配分することができるようになった。すべてのクラブが均等にこの恩恵を受けるわけではないが、これまでのJ1で約3億円のレベルからすると大幅な増額になる予定だ。例えば、Jリーグで優勝すると20億円近くがもらえる可能性がある。そうなると、この先、各クラブの経営課題の一つは、この資金を何に投入するかということになってくる。

そこで、これまでの経営陣が一番考えそうなことは、「このお金を使っていい選手を連れてくる」ということである。つまり、いい選手が来れば成績も上がる、サポーターも喜ぶ、賞金が増える、というわけだ。良いことだらけのようで、短期的には正解に見えるかもしれないが、実はこれが最良の手とは言えない。一体どういうことか。

スポーツ選手というのは、調子の良い時もあれば悪い時もあるため、経営という視点で考えた時には一番確実でいい投資とは言えないのだ。例えば、有名な外国人を鳴り物入りで助っ人として連れてきたとしても、その選手がケガをしたり（サッカー選手にケガはつきものである）、選手の奥さんが日本に慣れなかったりするなど、不確実なことこの上なく、期待していた成果を出せるかどうかというのはよくわからない。選手のパフォーマンス自体が日本に合わない、クラブに合わないようなケースもある。また、サッカーの場合、選手個人の能力とともに、周りの選手とのコンビネーションにパフォーマンスが左右されることも多く、例えば、すごいストライカーであっても、その選手にボールが集まらずに、または十分なサポートがないまま、一人孤立して点が取れないなど苦労するようなケースもある。

つまり、その選手一人では、本来持つパフォーマンスをいかんなく発揮するということは難しいのだ。万が一、うまくいったとしても、それによってもたらされるのは短期的な成果であり（特に、外国人選手は短期間で契約を終えるケースが多い）、投資した金額に見合う成果を出せるかどうかというのは疑問ですらある。このように、選手にお金を使うのは一種のバクチなのである。

私が考えるクラブにとって、一番確実で投資効果が継続する方法は、「経営者に投資をすること」である。経営者や執行役員クラスについては、組織が継続的に成長するために、スポーツビジネスに精通した人物か、他の分野で活躍をしたスペシャリストを、分配金で得た資金を原資として、好待遇で迎えるべきだと思う。優秀なスタッフを集めて経営基盤

〈表２〉プロ経営者への投資事例

会社名	経営者名	在任期間	経歴（出身企業）
カルビー	松本晃	2009〜2018年	伊藤忠商事、ジョンソン・エンド・ジョンソン
リクシル	藤森義明	2011〜2016年	双日（旧日商岩井）、日本GE
資生堂	魚谷雅彦	2014年〜	ライオン、クラフト・ジャパン、日本コカ・コーラ
サントリー	新浪剛史	2014年〜	三菱商事、ローソン

＊著者作成、2019年３月現在、個人名は敬称略

を確立し、安定的な収入の道を新たに開拓する。クラブ全体の売上高を増やし、利益をより多く出すような仕組みを整える。それが達成できてから、その先の投資先を吟味すれば良いのである。そのことがクラブの永続性を高め、結果としてROI（投資収益率）も一番高くなると思われる。

日本でも、いろいろな産業で「プロ経営者」という言葉がかなり一般的に通るようになってきた。老舗《しにせ》の会社、創業者が強い存在感を出している会社、同族企業、海外に販路を求める企業などが、これまでのマネジメント体制から一皮むける方策として、外部にプロ経営者を求めるという図式である（表２）。

私はスポーツビジネスにおいても、スポーツに特化したプロ経営者を外から連れてくるべきであると考えている。スポーツにおいては、選手や監督がプロであることは多いので、経営者もプロであるということは内外の関係者にとっても案外イメージしやすいのではないだろうか。先ほどからの繰り返しになるが、親会社が子会社にスポーツ組織を持つ場合でも、これは同

様である。

ただ、その際に注意したいのは、「スポーツビジネスの経営者は他の産業の経営者より難しい」という事実である。プロ経営者であれば誰でもいいというわけではないのだ。Jリーグの村井《むらい》満《みつる》チェアマンはインタビューでよく「Jリーグクラブの社長は、他の会社の社長と比べて難しい」と言っている。これはどういうことかというと、Jリーグには昇格と降格があるので、それによって売上規模や経営環境が劇的に変わる可能性があり、そのことに経営として対応していく必要があるということだ。つまり、事業環境が数年単位で激変する可能性があるため、経営をする際、中・長期的な予想がつきにくいというわけだ。そんな中で経営をするというのは、いろいろなケースを想定しておかなければならないという点で、単純に難易度が高いということになる。

また、スポーツビジネスの周りには、たくさんの性格の違うステークホルダーがおり（表3）、それぞれの要望に応えながら、バランスを取って経営をしていくことも非常に難しい要因の一つだ。経営者として必要であるリーダーシップに加えて、スポーツビジネス特有のさまざまなステークホルダーに対する気配りや舵取りまでもが求められるということだ。

〈表3〉スポーツビジネスのさまざまな利害関係者（ステークホルダー）

ステークホルダー	特徴／性格
スポンサー	民間企業
地方自治体	公的組織
メディア	民間企業
サポーター	一般市民
親会社	民間企業

＊著者作成

それらを踏まえて、村井チェアマンは「他の会社より難しい」と言っているのである。スポーツ産業においてプロ経営者を選ぶ際には、選ぶ側はそこまで理解した上で、是非慎重に人選をすることをお勧めしたい。

どうやら、Jリーグの村井チェアマンは、経営者に投資することの重要性に気づいたようだ。その証拠にJリーグとして「スポーツヒューマンキャピタル（SHC）」を設立し、独自に経営者の育成を始めた。ここの卒業生が日本のスポーツ産業の未来を担うようにという思いだろう。ただし、すでに設立から数年が経過し、何代かの卒業生が輩出されているが、現段階ではまだそのような結果には至っていない。卒業生が例えば、各Jクラブの経営者や他競技のスポーツ組織の経営者にまだなれていないのだ。SHCに限らず、そのような経営者育成組織のこの先の課題は、出口（就職先）の確保だろう。

先ほどのV・ファーレン長崎の髙田社長やBリーグ千葉ジェッツの島田慎二《しまだしんじ》社長のように、スポーツ業界以外の分野で成功した経営者が、スポーツビジネスをやってみて成功するケースや、スポーツビジネスを専門に学んだ人材に経営改革を任せて成功したようなケースが、日本においても徐々に出始めてきている。スポーツビジネスの今後の発展のために、良い選手を取るだけでなく、良い経営者にも積極的に投資するということが、この先、進んでいけば良いと思う。[*2]

＊1　契約金として具体的には10年間で２１００億円という数字が報道されている。

＊2　V・ファーレン長崎の髙田社長や千葉ジェッツの島田社長の例は、厳密に言うと、スポーツ組織側が経営者に投資して成功したケースではない。それぞれ別の事情があって社長になったケースである。ただし、このような成功事例を見て、スポーツ組織側のトップの人間、またはスポーツ組織を有する親会社のトップが「優秀な経営者に投資することが成功への近道だ」と気づき、実際に投資を実行するということがこれからは必要である。

第3章　スタジアム論

——スポーツビジネスを飛躍させるトレンド

なぜ今スタジアムなのか——スタジアムで生まれ変わった広島東洋カープ

第1章で紹介した『日本再興戦略』の中でも大きく取り上げられている「スタジアム改革」だが、スタジアムによってビジネス面でも、競技面でも、何もかもが劇的に良くなった典型的な例を挙げるとすれば、それはプロ野球の広島東洋《とうよう》カープである。広島東洋カープの本拠地「MAZDA Zoom-Zoomスタジアム広島」は2009年、老朽化した広島市民球場を取り壊し、広島駅の近く（約700メートル）に移転する形で造られた。このスタジアム新設によって、広島東洋カープは事業面でも、競技面でも、飛躍的に大きな成果を挙げることに成功している。

まず、このスタジアムの面白いところは、新幹線が広島駅に停車する際、スピードを落とした車窓からその外観を望むことができる立地にあるということだ。私も新幹線で広島駅に着くたびに「今度、見に行きたいな」と思う。それくらい電車から見えるスタジアムの外観はファン（既存のファン、潜在的なファンの両方）の気持ちをワクワクさせるし、そういう点で非常に魅力的だ。

また、このスタジアムのもう一つの特徴は、寝ころんだまま野球が見られる「シート寝ソベリア」や「パーティーグリル」（バーベキューができるグループ席）など、これまで日

スタジアムは劇的に変化している。広島東洋カープの本拠地「MAZDA Zoom-Zoom スタジアム広島」には特徴のある設備とサービスが配され、外野席バックスクリーン脇で寝ころんだまま観戦できる「シート寝ソベリア」（写真上）、観戦中、大人数でバーベキューができるグループ席「パーティーグリル」（中）、球場全体を1周できる「コンコース」（下）など、スポーツ観戦する人も、しない人も、来場者が楽しめる工夫に満ちている。（写真提供:広島東洋カープ）

本にはなかったような面白いシートを導入したことである。これら特徴のあるシートは、販売してもすぐに売り切れとなり、なかなか手に入らないという。設計者に聞くと、こうした新しいシートは、もともと販売が難しい場所にあえて設定したというのだから驚きである。

さらに、このスタジアムでは、球場全体を1周できるようなコンコースを設け、野球の試合の時に野球を観戦しない人でも、スタジアム内をぶらぶら歩きまわることができる、いわばスタジアム内を自由に、じっくり楽しむサービスを提供した(子供の遊具を設計する際に使われる「遊環構造」という考え方を導入しているという)。これも、これまでのスタジアムの造りからすると、非常に画期的なことである。

これまでの野球場は内野と外野が分かれていて、それぞれに階段を上るところに入場口があり、その入場口からしか自分の席には行けなかった。入場口にはスタッフがいて、そこでチケットの確認をするのが常だったのである。そうすると、野球を見に行ったとしても、行動範囲はおのずと限られてくる。座席とトイレの往復、または座席と売店の往復だけになってしまうのだ。これまでは、観客は野球を見に来ているだけという考え方だったので、それで良かったのだ。つまり、スタジアム内を好きなように、ぶらぶら歩きまわるということ自体が楽しくなる行為だということが、これまでのスタジアム設計上では考えられていなかったということになる。そして、これを可能にしたのが「ＭＡＺＤＡ Ｚｏｏｍ‐Ｚｏｏｍスタジアム広島」なのである。

こうなると、ファンは自ら、野球を見ること以外の楽しみを見出そうとする。野球は試合時間が3時間以上になることが多く、よほどの野球ファンでない限り、ずっと野球を見ていることが実は難しい。このスタジアムでは自分の席以外でも、コンコースから立見ができたり、そもそもファンが野球を見ていなかったりする時間も多いという。野球を見る以外にスタジアムをぶらぶらできるというのは、飲食やグッズの売店がにぎわうことにもつながり、球団経営的にも売上が増えて助かっているはずである。

また、野球の試合が行われていない時にも、この場内を1周できるコンコースが一般開放されており、近くの市民のジョギングコースにもなっている。このスタジアムを建設する際の設計思想として、スタジアムを観客や地域市民に溶け込ませる、開放することが考えられていたという。そして、このような設計思想を広島市民と一緒になって考えてきたのだそうだ。建設する際のプロジェクトの起点として、官民で組織する「新球場建設促進会議」というものがあった。このことも、このスタジアムが市民に愛される理由の一つであろう。

スタジアムの運営面では、指定管理者である広島東洋カープが、アメリカで実績がある三井物産の子会社に、すべての飲食売店の運営を一括して任せた。これにより、チームの企画と連動したプロモーションを、球団と飲食売店が一緒になってできるようになった。例えば「こどもの日」には、子供向けのイベント企画があちこちで一斉に行われ、飲食売店においても、子供が好きな食べ物や飲み物を各店舗で趣向を凝《こ》らして前面に押し出すなど、スタジアム全体で「こどもの日」を演出できるようになったのである。

これらの取り組みによって「カープ女子」などの新たなコンセプトも生まれ、それに呼応して女性向けのグッズだけでなく、全体としてもグッズがさらによく売れるようになった。流行語ともなった「カープ女子」に関しては、関東在住の女性カープファンに対して、なんと往復の新幹線代を球団が負担し、広島で開催される試合を応援に行く「感謝応援ツアー」を行うといった、ファンにとってはたまらないアイデアも実現させた。もちろん、このツアー商品はすぐに完売したという。

スタジアムが新しくなったおかげで、チームの競技面でも成果が出た。カープはこれまで堅実経営をしていたため、他球団と比較すると選手に多くの報酬を払えず（払わず）、たとえ良い選手が育って活躍したとしても、一定年数を超えるとFA（フリーエージェント）でお金のある球団に出ていってしまい、チーム力がその都度、低下するということを繰り返してきた。これまでは、年俸の高騰による赤字を避けるという経営の健全さを優先していたため、競技成績が安定しなかったのである。ただし最近は、新スタジアム効果で増収となり、選手人件費に使うことのできるお金も増えた。その結果、チームも安定して強くなり、2016年から2018年までセ・リーグ3連覇を果たしている。

球団の売上高は、新球場ができるまでは60～70億円だったが、新球場ができてからは100億円を突破、2017年にはなんと188億円に達した。もちろん、大幅な黒字である。広島カープの事例は完全に自前の球場とは言えないが、ある程度、球団の意向が新球場の設計に反映され、普段から自由に使えるという意味で、スタジアム改革によって球団経営が劇的に変わった典型的な事例である。

政府にも期待されているスタジアム改革

第1章で、日本におけるスポーツビジネスの事業環境は今、非常に良いと述べた。その大きな根拠となるのは、政府が打ち出した『日本再興戦略2016——第4次産業革命に向けて』である。国の方針として「スポーツの成長産業化」という方向性が打ち出されているため、みなが安心してその方向に向けて、事業を進めることができるのだ。

このような政府主導の戦略は、得てしてお題目だけに終わってしまうことも多いが、「スポーツの成長産業化」はそうならないために具体的な道筋が示されている。それが前述した「新たに講ずべき具体的施策」だが、その最初には、「スタジアム・アリーナ改革（コストセンターからプロフィットセンターへ）」という項目が挙げられている。つまり「スポーツ市場規模（2015年度は5・5兆円）を2020年までに10兆円、2025年までに15兆円に拡大することを目指す」時、最初に取り組むべき〝一丁目一番地（いの一番に取り組むべきこと）〟がスタジアム・アリーナ改革だとされている。

「一丁目一番地」に挙げられている理由として考えられるのは、こういうことだ。スタジアムやアリーナに手を加えると、新築費や改修費で少なくとも数億円から数百億円のお金が動くことになる。国の戦略として市場規模を拡大させたい場合には、特に今回はKPIとして市場規模の達成目標を掲げていることもあり、スタジアムやアリーナを新設または増改築することが一番確実で読みやすく、手っ取り早いのである。『日本再興戦略』に書かれてあることは、実効性の高いものもあれば、今後の努力次第という項目もある。このスタジアム・アリーナについては、実際にすでに全国各地でいくつかの動きが出てきており、『日本再興戦略』の中でも特に期待されている分野である。あとで詳しく触れるが、それらの投資金額を合計すると現段階でも数千億円にものぼる計画となる。

再度、第1章で述べたことを繰り返すが、「コストセンターからプロフィットセンターへ」という記述も注目すべき点である。これまでのスタジアム・アリーナは、収入よりも支出が多い「コストセンター」というのが当たり前であった。日本のスタジアム・アリーナは、基本的には地方自治体が建設し、所有し、運営している。そのため、収入面における手立てというものはほとんど考えられておらず、運営費は税金で賄《まかな》うというのが一般的だったのである。これをプロフィットセンターへ転じるのは容易ではない。プロフィットセンターにするということは、収入が支出を上回らなければならないということである。コストセンターと言っても、ただのコストセンターではない。これまでのスタジアム（競技場）やアリーナ（体育館）で収支バランスを繙《ひもと》いても、収入部分はほとんどなく、あったとしても、実際はほんのわずかであったのではないだろうか。収入項目自体があまり考えられないので、おもに施設使用料が収入部分のすべてだと考えられる。ちなみに、自治体が保有する施設の施設使用料は議会によって決められていて、例えば、体育館であれば1時間数百円であることが一般的である。

これでは安すぎて、どんなに頑張っても年間の大きな運営費を賄うことは不可能である。これを今回の『日本再興戦略』では「プロフィットセンターへ」とある。ということは、支出面はさておき、収入面を劇的に改善させなければとてもプロフィットセンターへと転換できないのは明らかであり、国としてもその方向だということである。収入面が増えなかった理由はいくつかある。先ほどの議会で決まる施設使用料の問題もその一つだが、それ以外にもさまざまな規制[*1]により、使用に制限がかかっていた。いろんな問題があって、収入を増やしたくても増やせなかったのである。

タイミングとしても、今がちょうど良い。日本全国に建設されたスタジアム・アリーナはだいたいが建設から30年ほど経ち、耐震構造の必要性などで軒並み建て替えの時期を迎えている。これは、日本各地のスタジアム・アリーナが国体を開催するための場所として建設されてきたということに関係がある。国体が全国を一巡し、次のサイクルに入っている中で、タイミングとして今が既存の施設を改修するか、または新たなコンセプトのもとに新設するかというタイミングなのである。少なくとも、既存施設をそのまま使い続けるということは難しいのである。

スポーツにおけるスタジアム・アリーナの重要性

スポーツビジネスの特徴の一つとして「生産と消費が同時に行われる」というものがある。例えば、自動車産業においては、車という商品が生産されるのは工場であり、車を買った人は車をディーラーから受け取って使う。すなわち、商品を消費するのは日々の生活においてである。つまり多くの産業では、商品の生産と消費は通常バラバラのタイミングに別の場所で行われている。通常は生産が先、消費が後である。

それに対してスポーツビジネスでは、この場合の商品に位置づけられる「試合」というものはスタジアム・アリーナの中で行われ、またファンが「試合」を楽しむ（商品を消費する）のもスタジアム・アリーナの中である。このように、スポーツビジネスでは生産と消費が同じ場所で同時に行われるという特徴があり、その場所というのが、すなわちスタジアム・アリーナになるのである。そういう観点から、スポーツビジネスにおけるスタジアム・アリーナというのは、大変重要な場所と言えるのである。

また、スポーツの魅力の一つに「ライブ性」というものがある。試合が行われるその場所に居合わせて、試合内容だけでなく会場の雰囲気や応援の様子などを、みなで一体となって楽しむこと、その場所でしか味わえないようなことを、試合が行われているその場所で実際に体験することが、スポーツビジネスの魅力の源泉なのだ。そして、その「場」として重要になるのがスタジアム・アリーナである。あたかも演劇の舞台のように、音楽業界であればコンサートホールのように、選手がプレーするだけでなく、観客が十分楽しめる施設であるかどうかで、その時の感動は大きく左右される。そういうこともあって、スタジアム・アリーナはスポーツビジネスにとって大変重要なのである。

この20年の間に日本と欧米のスポーツビジネスは、市場規模において一気に差が開いてしまった。[*2] これにはさまざまな要因が考えられるのだが、スポーツビジネスにおいて動くお金の金額として大きいのは「放映権」と「スタジアム」である。今後ここに切り込んでいくためにも今、「スタジアム改革」は外せない。

日本と欧米ではスタジアムの一体何が違うのか——。それは一言で言うと、日本は競技者のためのスタジアムだが、欧米は観客のためのスタジアムであるということである。

ここで、あなたにいくつか質問してみよう。あなたが住む街にスタジアム(またはアリーナ・体育館)はあるだろうか。あったとしたら、どのような施設で、誰がどれくらい使っているだろうか。もし土曜日か日曜日に、朝から夕方まで何かのスポーツ大会が開催されているとしたら、昼食は施設に併設されている売店やレストランで取ることができるだろうか。競技を見に来た観客は、競技を見ながらのんびりコーヒーやビールが飲めるだろうか。

現在の日本の施設では、答えはほぼ〝NO〟だと思う。先にも述べたが、これまでの日本のスポーツは教育的思想が根強かったため、競技場の設計においても競技をするための設計が第一で、それを見に来る観客のことまでは考えていなかったのである。例えば、収容人数が2万人であるのに、周辺に公共交通機関はなく、駐車場も十分に整備されていないというところが全国に数多くある。お客さんの立場に立って考えてみれば、2万人が来る大会やイベントに行って、ものすごい交通渋滞に巻き込まれるわけだから、たいそう不便であることは予想できるはずであるが、まだそういう設計になっていないというのが日本の現実なのである。

そして、施設を運営する側（人）も心理的にルールを守ることが第一で、観客を第一には考えていない。例えば、施設の中に売店設備があったとしても、試合当日に火が使えなかったり（そうなると、温かい食事が出せない）、アルコールの販売が禁止されていたりするのだ（競技を見ながらのんびりとビールでも、ということが実際にはできない）。今の仕組みでは、社会環境の変化や消費者心理の変化についていくことが、非常に難しいのである。

ただスタジアムについては、日本にも良いところはある。欧米人からすると日本の至るところにこれほど多くの野球場が整備されていることに驚くらしい。たしかに、東京・大阪・名古屋のような大都市圏はもちろんのこと、さほど人口が多くない小さな地方都市に至るまで、日本全国津々浦々、野球場のない街というのは少ないのではないだろうか。これは、日本において野球がいかに盛んであるかということを示す事例だが、これから重要となってくるのは、その中身である。

スタジアムの所有者によって変わる利用方法

スポーツビジネスにおいて重要なポイントであるスタジアムだが、ここではスタジアムの活用が、いかに戦略的かつ多岐にわたっているかを追ってみよう。すでに日本でもさまざまな動きが起きてきている。

一つひとつの動きを見ていく前に、まずはスタジアムの所有者が誰であるのかを整理しておきたい。なぜなら、スポーツチームがスタジアムを使いたい時、どのようにして使えるのかは、スタジアムの所有者によって変わってくるからだ。ここでは、スポーツをビジネスとしてとらえる場合、その重要な商品である「試合」が行われる舞台装置（製造業で言うところの工場）としてのスタジアムが誰のものなのか（誰が所有しているのか）というところがポイントで、後の利用方法を考える上でその自由度にかなり差が出てくることとなる。

1. スタジアムは市や県が所有しており、運営主体も市や県である。スポーツチームは試合の時だけ借りる。

2. スタジアムは市や県が所有しているが、スポーツチームが「指定管理者」になっていて、比較的自由に運営できる。

３．スタジアムはスポーツチームやそれに関係する企業や団体が所有しており、まったく自由に運営できる。

これまでは１の形態がほとんどであった。スタジアムは建設するのに多額の資金がかかるため、おもに公共工事として地方自治体が建設し、そのまま所有者となり、運用してきたのである。そのため、スポーツチームは試合がある日にスタジアムを借り、試合を運営するのが普通であった。ただ、先に述べたように、そのようなスタジアムは観客が多く入ることを想定して造られたものではないことが多く、また観客の便利を第一に考えた設計では必ずしもなかった。そのため、スポーツチームがビジネスの視点を意識しながら試合を開催しようと思っても、使い勝手があまり良くないというのが実情だった。

しかし、２００３年の地方自治法の改正によって生まれた「指定管理者制度」が、その運用方法に風穴を開けた。市や県がスタジアムの所有者であることに変わりはないのだが、この制度を利用することで、運営方法にかなり自由度が増したのである。それが２の形態だ。

指定管理者制度は２００３年、地方自治法第２４４条の２の改正によって生まれた制度だ。この制度は、これまで地方自治体やその関連団体が携わっていた公園やスタジアムといった公共施設の管理・運営を、民間企業やNPO法人などにも門戸を広げ、サービスの質の向上や維持管理コストの削減を目的とした仕組みである（多くの場合、一般公開入札となる）。

基本的に市や県といった地方自治体が所有するスタジアムだが、そこを、民間会社であるスポーツ団体が来客者を楽しませるエンターテイメント施設として利用したいと思ったとしても、さまざまな制約を受けることになる。その問題を一気に解消しようと思えば、スポーツ団体がスタジアムを買い取ることが一番だが、買収となると非常にお金がかかるし、そもそも自治体所有のものを民間企業が買い取ることはなかなか難しい。そんな中、中間的なやり方として注目されているのが、この「指定管理者制度」なのである。

この制度の具体的な例を見ていこう。

鹿島アントラーズは2006年、全国に先駆けて茨城県立カシマサッカースタジアムの指定管理者となった。これはJリーグのクラブとして第1号である。それ以降、指定管理者としての実績を積み上げていく過程で、茨城県との信頼関係をうまく醸成し、例えば、鹿島アントラーズのホームゲームの開催日には、他のスタジアムでは難しいとされている「温かい食べ物」が出せるようになった。のちにはスタジアムの中にフィットネスクラブやスポーツクリニックを開設、近年は温浴施設も計画するなど、クラブはカシマサッカースタジアムを中心とした多角化経営に乗り出している。

千葉ロッテマリーンズも、2006年から千葉マリンスタジアムの指定管理者となった。それまでは、千葉市が関係する外郭団体が運営していた千葉マリンスタジアムだったが、千葉ロッテマリーンズが指定管理者となったことで、試合ごとに行っていたイベント申請や売店設置申請などのさまざまな書類手続きが不要となり、球団主導で積極的なファンサービスが機動的に行われるようになった。特設ステージを使った試合前や試合後のイベント（時には選手が参加して、カラオケ大会のようにもなる！）や、スタジアム前広場での広大な飲食コーナーや夏のビアガーデンなど、今では当たり前になっているファンサービスは、当時としては画期的で、実はこれらは、指定管理者制度の利用から生まれたのである。

この変化によって喜んだのはもちろんファンである。ファンのためにいろいろなサービスを提供したことで、ファンの方もチームに対するロイヤリティが高まり、その後、千葉ロッテマリーンズは、他球団を凌駕するような一体的な応援を繰り広げる〝熱い〟市民球団になったのであった。

さて、Jリーグクラブとプロ野球球団の例を挙げたが、地方の小さな団体でもこの指定管理者制度を利用することができる。今でこそJクラブになったが、当時はごく小さな団体だったNPO法人V・ファーレン長崎スポーツコミュニティは2006年、長崎県で一番面積が広い公園である「長崎県立百花台公園《ひゃっかだい》」の指定管理者となった。この公園の中には天然芝のサッカー場があったのだが、普段から水はけがあまり良くなく、そのため天気が良い日でも芝の状態が悪かったりするなど、それまでは使用者の目線での整備がなされているとは言えなかった。

そこで将来、サッカーJリーグ入りを目指していたV・ファーレン長崎では、所属する一人の選手を公園のサッカー場専属スタッフとして駐在させ、芝の管理をはじめとするグランド管理を任せてみたところ、さまざまな工夫が生まれたことで良好な芝の状態を保てるようになったり、サッカー関係者、あるいは地域の住民からも評判の良い立派なグランドに生まれ変わった。しかも短い期間で実現されたこともあってか、評判が評判を呼ぶことで、サッカー場の稼働率も自然と上昇したのである。*3

サッカー場が良くなったことで、このサッカー場専属スタッフ以外の公園スタッフもモチベーションが上がった。地域の方から「だいぶきれいになったね」と声をかけられるようになり、それが更なるモチベーションを呼び起こし、公園全体の管理にも非常に良い成果を出すことができるようになったのだ。クラブ側の経営的な視点では、地方の小さなクラブにとって重要な一人の雇用先を確保することができたというメリットもあった（当時、V・ファーレン長崎は地域リーグである九州リーグに所属していたので、選手はほとんどがプロ契約ではなく、働きながらサッカーをしていた)。まさに一石二鳥の仕組みである。このような事例は、これから全国の地域クラブが参考にすることができるのではないだろうか。

サッカーの例で説明すると、Jリーグのクラブでさえ、まだ総合運動公園の中にある陸上競技場の中の芝生スペース(陸上トラックの内側)でサッカーの公式戦を行っているケースが多い。そして、それらの管理をしているのは、たいてい地方自治体かそれに関連する第三セクターである。また、全国にたくさんあるサッカー専用スタジアムにおいても、その所有者は地方自治体であることが多い。そもそも、自治体の職員が「スポーツターフ」と言われるサッカー場の芝の管理に精通しているわけではないだろうし、そのような人が専門業者に芝の管理業務を委託・発注したとしても、なかなかうまく指示ができないため、必ずしも使用者目線で使い勝手の良いスタジアムになるとは限らないだろう。

スタジアムを使うサッカー選手(またはサッカークラブ)自らが、そのスタジアムを管理する、そしてそのような業務を仕事として任されるということが、その選手(クラブ)のモチベーションにもなり、地域に対する愛着にもつながる。何よりもスタジアムが地域住民にとって使い勝手がよくなり、総合運動公園全体も美しくなるとすれば、それが一番の効用である。

指定管理者制度を利用したスタジアム改革は、大きい例、小さい例が混在しながらも使い方次第で、これからのスポーツビジネスの発展に大なり小なり寄与していくと考えられる。

スタジアムを使った経営改革――なぜ自前のスタジアムが良いのか

昨今のスポーツ組織では、今後のビジネスをさらに成長させるためには、自前のスタジアムやアリーナを持つことが重要だという認識が進んでいる。先のパターン例でいうと、3の形態である。2005年、楽天《らくてん》がプロ野球に参入した際には、この点が収益化のポイントであるということをすでに認識していたという。ただ残念ながら、時間との戦いの中で完全に自前にすることができず、県営球場を改修して自治体に寄付し、その対価として営業権を得るというスキームに落ち着いたという。

1の形態のように、これまではおもにスタジアムやアリーナは地方自治体が所有しており、各チームは試合の時にだけそれを借りることが普通だったのだが、自前のスタジアムがあれば、まず試合の時に払う賃料をその都度、払う必要がなくなる。また、ファンにより良いサービスを提供しようとすると、自治体所有のスタジアム・アリーナでは設備が不十分だったり、運用ルールがファンサービスに適していなかったりして、うまくいかないことが多かった（例えば、先述したようにスタジアムの座席でビールを飲めないなど）。しかし、自前のスタジアムであれば、顧客の視点に立った運用をすることができ、観客への柔軟な対応も可能になるのである。

ここで、スポーツ組織側から見たスタジアムやアリーナを地方自治体が所有することにおける良い面と悪い面を整理してみよう。

これまで主体だった自治体所有の場合のメリットとしては、スポーツ運営組織が施設を所有していないのでスタジアムの建設コスト、維持コストがかからないということがあった。プロ野球球団など一部のケースを除けば、スポーツ運営組織は資金的な余裕がないケースが多いため、絶対的にコストが低いということは、純粋にこれまで助かっていたという側面があった。一方、自治体所有のデメリットとしては、そもそも自治体が作ったスタジアムは多くの観客が同時に競技を観戦する前提では作られておらず、ビジネスを行う上では極めて使いにくいということがあった（先述のように、収容人数は2万人であるにもかかわらず、駐車場を含めたアクセス対策が十分でないなど）。

また、その運用ルールにおいても、法律の適用以外でもビジネスがやりにくいようなさまざまな制約（ローカルルール）を受けるのが普通であり、例えばプロ野球球団の場合、入場料収入の一部を球場に上納する必要があったり、広告看板の売上については、たとえ球団が販売したとしても、その売上が球団とスタジアムで折半になったり、グッズ売り場に球団が関われなかったり、外野フェンスや人工芝の改修をお願いしてもなかなか改修されなかったりと、ありとあらゆるところで問題があった。

このような実情のもと、近年は、徐々にスタジアムをビジネスとしてのあるべき姿に近づけるような、さまざまな努力が行われている。またその手法もいろいろな工夫が加えられてどんどん細分化してきている。前項のように「指定管理者制度」を使うケース、改修するにあたり、はじめの段階からどのようにしたらファンのためになるか、使う側の代表としてクラブや市民が早い段階から「改修検討会議」に加わるようなケース、新設のスタジアムをクラブが主導して建設するケース、他社の所有物であったスタジアムをまるごとクラブ・球団が買収するケースなどである。

では実際にスタジアムが変わると、スポーツビジネスにどのような影響が出るのか。以下、スタジアムによって経営が改善した例として、冒頭のプロ野球広島東洋カープ以外の事例をいくつか見ていこう。

日本版スタジアム改革の原点——東北楽天ゴールデンイーグルス「楽天生命パーク宮城」

時系列としては広島のケースと前後してしまうが、広島の好事例を生み出すベースとなったのは、スタジアムを良くするとファンが喜び、経営全体も良くなるということを、それ以前にある球団が世に示していたからだと思う。

その球団、東北楽天ゴールデンイーグルスが本拠地としている今の「楽天生命パーク宮城」（2018年現在のスタジアム名。ここは毎年のように名前が変わる……）は、2004年、楽天がプロ野球への新規参入を検討する中で、既存の県営宮城球場を大規模改修するという形で誕生した。楽天はこれまでの県営球場としての施設ではプロ野球球団としてホームゲームを実施するには不十分だと考え、そうするために必要だとされた改修費（約70億円とされている）は新規参入する球団側が負担した。そして、改修したのちに改修部分を含めて球場全体を県に寄付をして、固定資産税を節約し、更に営業権を得るというスキームをとった。

また改修によって、スポンサー向けのVIPシートを設けたり、バックネット裏の特別席も設置し、その購入者向け特典として食べ放題、飲み放題のプログラムを作るなど、当時としては画期的かつ新鮮で面白い取り組みだった。その後、さまざまな球団が楽天の後を追うように同様の改修やサービスを始めていることから見ても、この球場が日本におけるスタジアム改革の一番手と言ってよいだろう。「こうすると良いですよ」とその方向性を世に示した事例だと言える。

さらにこの球団は場内のみならず、場外にもミニ列車を走らせるなど、ファンの1日の

外野席の奥に観覧車が設置されている東北楽天ゴールデンイーグルスの本拠地「楽天生命パーク宮城」。まるで球場全体がアトラクション（遊園地）のようで、これまでの野球場とは違った雰囲気を演出している。©Rakuten Eagles

行動を考えて球場の敷地全体を対象としてアトラクションを充実させている。このようなアトラクションは、特に休日の家族連れに人気となっている。筆者も一度、このスタジアムを訪れたことがあるが、それが夏だったためか、球場前にはなんと大きなプールが出現していた。入場する前から全体の雰囲気がこれまでの野球場とは違っていて、とてもワクワクしたものだ。

　最近では、レフト側の外野席の奥に観覧車を作っていて、もはや野球場ではなく遊園地だ。このように東北楽天ゴールデンイーグルスは、アメリカの球団のように非日常感を演出しながら、野球以外の楽しみ方も提供している。

東北楽天ゴールデンイーグルスは、これまでのような、野球の試合をつつがなく運営するという球団経営から一歩進んだ姿を日本に提示した。これはある意味、新規球団だからこそできたことであり、また資金力のあるIT企業だったからできたことでもある。またこの時は、日本全国でいくつかの都市が新球団の誘致活動をした結果、仙台が本拠地として選ばれたという経緯もあったため、球団側の意見が自治体（この場合、宮城県）に比較的通りやすかったということもあっただろう。

スポーツがまちづくりにも関与する――横浜DeNAベイスターズ「横浜スタジアム」

ここまで、スタジアムを自治体が所有し運営もするケース（形態1）、自治体が所有はするが、指定管理者が運営をするケース（形態2）について述べてきた。では、さらに進んで民間企業、特にスポーツ事業者自体がスタジアムを自分たちで所有し、運営するケース（形態3）について紹介する。そうなると、さらに何が良くなるのか、また何かしら課題も出てくるのか、それぞれ見ていこう。

長年、プロ野球球団である横浜ベイスターズの経営が安定しない原因は、球団とは関係のない別会社である株式会社横浜スタジアムにあると言われていた。球団とは特段、資本関係がなく、通常の民間企業である株式会社横浜スタジアムは（そもそも民間企業であるとはあまり知られていなかったが）、JRの駅前に位置していて都市公園内でもあるという恵まれた都市型の立地を活かして、プロ野球や高校野球、そしてコンサートなどによる安定した稼働率によって球場単体で長らく黒字経営を続けていた。それに対して横浜ベイスターズ球団の方は球団オーナーにいくつかの変遷があったが、いずれも慢性的に赤字経営だった。

横浜スタジアム側は収支が黒字だったため、早急に思い切った施設改修をするなどの経営改革をどうしてもしなければならないという必要性がなかった。一方、球場を利用させてもらう立場の球団側は慢性的に赤字経営だったため、資金的な余裕がなく、楽天のように施設改修費を全額負担するなどの思い切った改革ができなかった。そのため、球団経営全体を見た時には、年々古くなっていく旧来型のスタジアム、資金力に乏しいために弱い球団、その結果、観客も来ないという悪いスパイラルに入っていたのである。

もう少し細かく見ると、建設当初からの契約により、横浜ベイスターズはホームゲームの入場料の一部を球場に上納する必要があり、球場の看板広告収入やホームゲーム時の飲食の売上も全部、球団の収入にはなっていなかったという事情がある。このため、球団としては経営を多少頑張ったとしても、それがストレートに売上増につながらない、なかなか利益を出しにくい構造だったのである。そこで何とかしてこの悪いスパイラルを打開するには、球団と球場の契約自体を見直すことが必須だった。しかし、それまでなかなか球団と球場のコミュニケーションはうまくいっていなかったのである。

そんな中、2012年からIT企業であるDeNAが横浜ベイスターズの経営主体となった。DeNAは積極的に球団の経営改革に乗り出し、千葉ロッテマリーンズのように面白い企画をどんどん行うようになった。例えば、試合内容によって申告すればお金が返ってくる「払い戻しのあるチケット」など、当時の中畑清《なかはたきよし》監督の明るいキャラクターを前面に出しながら、ニュースになるような斬新な企画を次から次へと繰り出していったのである。

そうしながら球団は、実際に観客にアンケートを取ってどんな属性の人がベイスターズの試合を見に来ているのかを調べた。そして30代から40代のアクティブ・サラリーマンをターゲットと定めてからは、球場を〝大きな居酒屋〟ととらえ、野球を楽しむとともに仲間と楽しく過ごせるような場所にするという方向性を打ち出して、さらにさまざまな施策を行っていったのである。

すると徐々に、人が入るようになっていった。大勢の観客に囲まれることによって、選手の間にも緊張感が漲《みなぎ》り、モチベーションも上がっていった。その結果、野球の成績も良くなり、悪いスパイラルから良いスパイラルに入っていった。こうした経営努力は次第に周囲にも認められ、それまではなかなか進まなかった球団と球場とのコミュニケーションも、徐々に前向きに進んでいった。

こうした経営努力が観客動員数の増加に結びつき、それが球場にも地域にも認められ、球団は2016年にTOB（株式の公開買付）によって株式会社横浜スタジアムの買収に成功、いよいよ球団と球場経営の一体化が可能となった。[*4] 横浜スタジアムがついに横浜ベイスターズの所有となったのである。

その後、横浜ベイスターズが真っ先に行ったのは、横浜という土地のアイデンティティを強化するための策だった。それまで、なぜかオレンジだった座席の色を、ベイスターズのチームカラーである青に塗り替えたのだ。これによって、ファンの「横浜」や「ベイスターズ」に対するアイデンティティが一気に高まった。また、飲食売店の経営も自由になったことから、ビールのオリジナルブランドを作り、スタジアムで販売するなど（横浜スタジアムや球団直営店でしか飲めないビールとした）、さまざまな場面で球団経営のオリジナル色を強めたのである。これもファンには好評であった。さらには、スタジアムを街に開くという「コミュニティボールパーク」化構想を発表し、例えば、試合がある日の早朝にスタジアムを開放してキャッチボールができるようにしたり、老朽化した市の関連施設を拠点としてベンチャー企業のオフィスを呼び込んだりしている。ここ数年、ベイスターズは街と一体化するという構想を持って活動しており、横浜市もまた、ベイスターズを新たなまちづくりの重要なパートナーとして位置づけている。まさにウィン・ウィンの関係である。

ベイスターズのまちづくりは横浜市だけではない。ベイスターズは横須賀市にある二軍施設も全面的に改修すると発表した。一軍のホームスタジアムがある横浜市だけでなく、二軍施設のある横須賀市とも協業することで、今後は神奈川県全体での取り組みとなっていく。ベイスターズがチーム名でもある横浜を中心としながらも、この先、神奈川県内にどのようにしてファンを広げていくのか、是非注目したい。

「ボールパーク構想」が促した本拠地移転——北海道日本ハムファイターズ

2004年、北海道日本ハムファイターズが東京から札幌へ本拠地を移転してから10年以上が経過した。当初は巨人ファンしかいなかった北海道で、新たに地域密着経営を打ち出し、そして今や、あらゆるスポーツ団体の模範とされる、北海道になくてはならない人気球団となった。しかしこの間、経営を精緻に見直せば見直すほど、札幌ドームとの契約関係や実務的な自由度のなさこそ、経営の難点となっていることが浮き彫りとなっていた。

札幌ドームは、所有者でいうと札幌市の持ち物であり、札幌市を含む第三セクターが運営をしている。そのため、ファイターズは試合のたび、札幌ドームに賃料を払って試合をしていたのである。それは特段、問題ではないのだが（賃料がかかるのは仕方ないとして）、球団が問題視したのは、札幌ドームに球団の希望がなかなか伝わらなかったり、真剣に議論されなかったり、その結果、希望通りにならないことだった。たとえ実現したとしても当初、球団が希望したタイミングに対してかなり遅すぎる、といった具合だ。

具体的には、施設の老朽化への対応である。例えば、老朽化で人工芝が薄くなったことにより、選手の身体に多くの負担が生じ、それを原因としたケガ人が続出したため、球団から札幌ドームに人工芝の張り替えを要求していた。しかし、札幌ドーム側としても、ファイターズ以外の利用者の意見も聞く必要があるということ、ファイターズだけが利用者ではないのでファイターズの希望だけを聞き入れることはできないこと、札幌市の予算申請のタイミングがあるので、球団の希望するタイミングで実行するのは難しいことなどさまざまな理由があって、なかなか着地点が見つからない。選手の安全面への配慮から、外野フェンスの素材の変更と張り替え実施をお願いしても、人工芝と同じようになかなか実現しない。万事、こんな調子であった。

また、顧客満足ということを考えて、他の球団が実施しているような企画性の高い座席シートを新設したり、特徴のあるフードを開発することについても、札幌市の持ち物だということで、なかなか球団の思うスピードで実施することが難しかったのである。

そこで2016年、日本ハムファイターズは、球団主導で将来の「ボールパーク構想」を打ち出した。球団自らが今後のあるべき姿を考え、そのあるべき姿を実現するために必要な敷地面積や環境などの希望をパース画とともに公表したのである。これには当然、市の対応によっては札幌ドームから離れることもありうるというメッセージを含んでいた。この構想に対して、札幌市やその他の周辺都市が「誘致」という形で候補地を提供するような動きとなったのである。

ここで問題となったのは、札幌ドームの所有者である札幌市の対応だ。今回は典型的な第三セクターによる「責任感のない経営」がネックとなり、結果として本拠地移転につながってしまった。すべてにおいて動きが遅く、対応が後手後手となったのである。度重なる交渉の後、札幌市として札幌ドームからの移転はやむなしと判断した後も、札幌市から提供される移転先の候補地は二転三転し、球団側が要望する事項に対応できるような広さと環境に適した候補地を球団に提供できなかった。そして最終的にファイターズは、札幌市ではなく、北広島市にボールパークを建設することを選んだのである。

その後2018年、ファイターズは、北広島市に新たに複合施設を造る「ボールパーク構想」を発表した。立地で言えば、北広島市は北海道の玄関口である新千歳《しんちとせ》国際空港の近くにあり、空港と札幌市をJRで結ぶ中間にある。北海道の外から飛行機で訪れるには便利な場所である。新たな移転先となる北広島市の候補地には、JRの新駅設置が協議されており、マンションや住宅、公園の整備など、スタジアムとまちづくりが一体となった開発がこれから進んでいく。総工費は500億円以上が見込まれている。

今回この一連の動きの中で私が注目するのは、ファイターズに出て行かれた形となった札幌市のことだ。プロスポーツチームの本拠地移転というのは、アメリカなどではよく耳にする話だが、日本においてはこれまでなかなか起きなかったことだからだ。日本において、これまでやむを得ず移転するということはあっても、スポーツ組織側が明確な意思を持って移転するということは、おそらく初めてではないだろうか。もっと言うと、2都市以上を競わせながら、より良い条件を引き出していく手法を使った本拠地移転は、日本において初めてのケースだったと思われる。

今回のファイターズ本拠地移転という事態を受け、札幌市がこうむるデメリットとして明らかなのは、〝最大の店子《たなこ》〟に出て行かれた札幌ドームの経営が、黒字から赤字へ転落することである。それまで年間60試合程度を貸し出していたファイターズ主催試合の開催がなくなるため、これまで入っていた試合日の賃料収入だけでも、まず数十億円の減収になる。また、賃料以外でもドーム内の看板広告料収入や飲食にまつわる収入、グッズ販売にまつわる収入など、北海道日本ハムファイターズに関連する売上は軒並み大幅な減収となるだろう。札幌ドームはサッカーのコンサドーレ札幌が本拠地として引き続き利用するが、それだけでは黒字を維持するような収入は到底まかなえないことがすでにわかっている。そして札幌ドーム以外でも、同じく札幌市が運営している市営地下鉄が乗降客の減少により、2億円の減収になる予想だ。

数年間に及ぶ交渉の中で、筆者には札幌市が懸命に北海道日本ハムファイターズを引き留めたようには見えなかったのだが、想像するに、このことは札幌のファイターズファンにとってショックだったに違いない。自分たちのチームとしてファイターズに愛着を感じていたファンにとって、本拠地の移転はとてもつらいことだろう。有形無形でこれまで北海道日本ハムファイターズが札幌市にもたらしてきたものが、市政には重要事項として十分に認識されていなかったということになる（認識されていたら、もっと適切な手を打っていたはずだ）。何よりドーム周辺に賑わいがなくなるのは寂しい。

スポーツの価値というのは一体何なのか――。「スポーツの持つ価値を自治体に示すことができていなかった。それができていたとしても、十分に認識させることができなかった」という点には、スポーツビジネスが反省すべき重大なテーマが含まれているのかもしれない。

札幌ドームが赤字になると、それは将来的に札幌市民の税金で補塡《ほてん》される。札幌市民はこのことをきちんと認識しているだろうか。気づいた時には遅かったということにはならないだろうか。これで今回、札幌市は日本における「プロチームに出て行かれた街」として最初の事例になる。良かったのか、悪かったのか、数年後にそれは明らかになる。ちなみにアメリカでは、「離婚によって奥さんに出て行かれた旦那さん」と冷ややかに揶揄《やゆ》されるような現象である。一連の経過を見る限り、筆者としては残念に思えることがいくつかあったのだが、当事者間ではやむを得ないような事情も多々あったことだろう。これも日本でスポーツビジネスがビジネスとして発展していくためには、業界全体として必要な経験だったのかもしれない。スポーツビジネスにおいて、これまでにない新たな動きが起こり、論争をして、新たな結論が出たという点では評価したい事例である。

指定管理者制度を使って48年契約——ガンバ大阪「パナソニック スタジアム 吹田」

これまでプロ野球の事例を多く見てきたが、基本的にプロ野球は12球団であり、サッカーのJクラブの方が数としては数倍多い。本来、地域密着を是とするJリーグ（またはJリーグの各クラブ）が、スタジアムの保有者である地方自治体と連携し、それによってスタジアムを改革していく事例がたくさん積み上がることが、今後のスポーツビジネス、ひいては日本のスポーツ全体の確たる発展につながっていくと考えられる。ここでは2つ、ガンバ大阪とヴィッセル神戸のホームスタジアムの事例を見ていこう。

ガンバ大阪のホームスタジアム「パナソニック スタジアム 吹田《すいた》」は、国内初の企業と個人からの寄付や助成金で建設費の全額を調達した、サッカー専用スタジアムである。関西の財界を中心に企業と個人から寄付を募り、〝みんなで建てたスタジアム〟として関わった人々のアイデンティティを高めることに成功している。実際には、ガンバ大阪の責任企業であるパナソニックが拠出した比重が高いのであるが、「スタジアムの新たな創り方」としては面白い。

スタジアム建設にあたっては、臨場感ある観戦を可能にする観客席からピッチまでの距離にこだわり、最短でタッチラインまで7メートルと、国際大会が開催できる4万人以上収容のスタジアムの中では日本一の短さを実現した。選手のベンチは観客席と一体型になっており、これまでのように観客席からベンチの上部が見えることもないので、臨場感のある観戦が可能となっている。新設のスタジアムとしては国内初となる全面的なLED照明を採用、さまざまな工夫により建設費を安くし、4万人収容で約140億円に抑えるなど、これまでの相場から考えると大幅なコストダウンに成功した。

また、自然エネルギーを活用した災害用備蓄倉庫を設置、避難所としての利用も可能にすることで、スタジアムが立地する吹田市の防災拠点となるような機能も保有している。ラウンジスペースやVIPルームも充実しており、国内最大規模のVIPエリアを実現するなど、現時点で日本における新設スタジアムのモデルケースとなるような施設に仕上がっている。

問題点としては、サッカー以外での利用がまだ少ないなど、試合日以外の稼働率の低さである。このスタジアムはガンバ大阪が吹田市と48年の契約を結び、指定管理者として管理・運営をしているので、ガンバ大阪の社内に施設運営やコンサート営業を行うことができるような専任スタッフを揃えていき、会社としてスタジアム全体の稼働率の向上に取り組んでいくことが必要だろう。

また、スタジアムまでのアクセスは万博記念公園駅から徒歩で約15分とそれほど悪くないのであるが、駅とスタジアムとの中間に位置する大型商業施設との調整ができておらず、駅からスタジアムに直線で向かえないことから、アクセスに関する評判がやや悪いのが気になる。私も先日訪れたのだが、大型商業施設の外周を回りながらスタジアムに向かうというのは、あまり良い気持ちがしない。正直に言うと、「もう少し、何とかならないのか」という気持ちにさせる。

エリアマネジメントの観点から、もっと観客の視点に立ったフラットな議論の余地があるのではないだろうか。スタジアムと大型商業施設との間で相互送客なども可能だと思われる。ガンバ大阪としてはもう一歩、踏み込むことが必要だろう。

大規模イベントをきっかけに指定管理者になる——ヴィッセル神戸「ノエビアスタジアム神戸」

Jリーグのヴィッセル神戸の本拠地「ノエビアスタジアム神戸」は、2019年に開催されるラグビーワールドカップの会場の一つになっている。ラグビーワールドカップを開催するためには、施設側にもさまざまな基準をクリアすることが求められるが、今回それに対応するための整備の一環として、長年問題となっていた芝の管理に手を付けた。

このスタジアムはこれまで構造上、日照や風通しの悪さが原因で芝が育ちにくく、試合の時に剝《は》がれやすいということが問題となっていた。だが、今回のラグビーワールドカップに合わせた改修によって、新たにハイブリッド芝を導入することとなり、一気にこの問題に終止符を打った。また同時に、スプリンクラーや温度管理システムなども導入し、ラグビーワールドカップが終わった後も安定かつ良好な状態で芝が使用できる体制を可能にしている。

ヴィッセル神戸の運営会社も、プロ野球の東北楽天ゴールデンイーグルスを運営している楽天が親会社なので、スタジアムの運営が比較的自由になるノエビアスタジアム神戸の指定管理者となって、早速、先述した東北楽天ゴールデンイーグルスのケースと同様、シートの改修にも着手している。これまでなかったテーブルと椅子をセットにしたものなど、グループ観戦ができるような席を新設し、以後、ファン・サポーターに仲間内で観戦する楽しさを提供する予定のようだ。

今後はサッカー以外でのスタジアム利用、例えば、コンサートを誘致したり、ラグビー場として利用するなど、稼働率の向上が経営課題となってくる。神戸にはラグビーの神戸《こうべ》製鋼《せいこう》コベルコスティーラーズという有力チームがあるので、今後はそちらとの連携なども盛んに行われていくだろう。大規模なスポーツイベント開催と指定管理者制度の導入（スポーツ組織がスタジアムの指定管理者となったこと）によって、スタジアム運営が生まれ変わったという事例である。

スタジアム・アリーナに関する政府のガイドライン

これまで挙げてきたように、国内ですでにいくつか、これまでの体育施設とは違う新しいスタジアムの事例が出ているが、さらにそれを進めるために2017年6月にスポーツ庁・経済産業省から『スタジアム・アリーナ改革ガイドブック』が発表された。スタジアム・アリーナ改革は国の重要政策の一つとなったが、スタジアムの所有者の多くは地方自治体であるため、必ずしもスポーツビジネスの専門家ではない地方自治体向けにガイドブックという形で国が情報提供を行ったものだ。その中にある「本ガイドブックのねらい」という箇所ではこのように記されている。

政府が掲げる成長戦略である日本再興戦略２０１６の官民戦略プロジェクト10に、スポーツの成長産業化が位置づけられた。スタジアム・アリーナは、スポーツ産業の持つ成長性を取り込みつつ、その潜在力を最大限に発揮し、飲食・宿泊、観光等を巻き込んで、地域活性化の起爆剤となることが期待されている。さらに、未来投資戦略２０１７（平成29年6月9日閣議決定）において、２０２５年までに20か所のスタジアム・アリーナの実現を目指すことが具体的な目標として掲げられ、今後、多様な世代が集う交流拠点となるスタジアム・アリーナを整備し、スポーツ産業を我が国の基幹産業へと発展させていき、地域経済好循環システムを構築していく。

ここで初めて「２０２５年までに20か所」という具体的な目標が示された。前述のように、全国のスタジアム（競技場）・アリーナ（体育館）は国体用に建設した施設がほとんどであり、それらが築30年以上たった今、これから順番に建て替えの時期に入ってくる。政府のガイドラインができたので、これからはこのガイドラインに沿った形でのスタジアム・アリーナの建築ラッシュとなるだろう。そして建て替えの際には、単に建て替えるだけではなく、立地の妥当性も含め、建てた後の利用方法や収益性も一緒に考えるべきだと述べている。こうした内容が、今回のこの政府のガイドラインに含まれているということが、筆者がスポーツビジネスの転機は今であると指摘しているポイントである。

ガイドブックに「地域経済好循環システムを構築」とあるように、スタジアム・アリーナが今後のまちづくりにも踏み込むようになると、スタジアムを建設する際に地方自治体のみならず地域住民との対話が必須となってくる。その過程においてスポーツが地域の課題解決に利用される。地域の課題解決に使えるという事例が、これからはどんどん出てくると予想している。もちろん、そこには新たな雇用も生まれるだろう。

新しいスタジアム・アリーナが球団やクラブなどプロスポーツチームの本拠地となれば、毎年安定した回数のホームゲームがあるため、そこで一定の収益が見込める。その安定した収益をもとに、新たなエンターテイメントを創っていくことも可能となるだろう。他の地域とは違う「何か魅力のある地域」を、スタジアム・アリーナを中心に、スポーツを中心にして、これから創っていくことができるのである。そして地方においてこうして新たな事例がいくつも出てくれれば、これまで東京に集中していた人材が地方に目を向けるきっかけとなる。今後はこれまで東京に集まっていた有能な人材が、「地域を元気にする」というミッションを掲げて、どんどん地方に赴《おもむ》くようなことが出てくるだろう。そう考えるだけで楽しみである。

スタジアム・アリーナ建設で人と街が〝再生〟する

歴史的に、日本よりも早くプロスポーツが盛んになった欧米だが、それに伴い、スタジアムの改築時期もわが国より一足早く迎えていた。その都度、新しくスタジアムを建てるか、既存のスタジアムを改修するかの判断を迫られるわけだが、ほとんどの場合、新築を選ぶことが多いようだ。日本ではなかなか想像ができないが、例えば、2012年ロンドンオリンピックのメイン会場となったロンドン・スタジアムのように、これまで治安の悪かった地域の再開発プログラムの目玉としてスタジアム・アリーナ建設が進められることもある。海外では、すでにスポーツが社会問題の解決に使われ始めているのである。

ここですべてを挙げることはしないが、いくつかの好事例を見ると、やはり新しい施設はスタジアムを中心にしていろいろな施設が一体となった「複合的な施設」になっていることが多いのが特徴だ。ショッピングモールのような商業施設、レストラン、ホテル、映画館。場所によっては老人ホームや幼稚園が併設されているところもある。このように地域住民のさまざまなニーズに応えるような施設にすることで、新たに雇用が生まれ、それに合わせて住宅が建設され、人が集まることによってその周辺の地価が上がるなど、地域全体が良い方に生まれ変わるようなケースが出てきている。

バスケットボールやアイスホッケーの会場となるようなアリーナでは、床がコンクリートの打ちっぱなしになっているところが増えている。何もしない状態ではコンクリートなのだが、仕様用途に応じて氷を張ったり、バスケットの床を張ったり、いろいろなことに対応できるようあらかじめ考えてあるのである。搬入口を広くとり、床をコンクリートにしておけば、会場設営の際に車やフォークリフトが自由に動き回ることができる。これまで準備に1日かかっていたものでも、それこそ数時間でこなせるようになるのである。さまざまな用途に短期間で対応することで、施設が何も生み出さない無駄な時間が減り、その結果として施設の稼働率が上がるのである。

もちろん、コンサートでの利用も視野にあるので音響設備が充実しており、大型ヴィジョンも設置してある。スポーツや音楽以外では、多くの場合、展示会場としての利用も見込めるような仕様となっている。こうなるともう、スポーツ用のアリーナというよりも、人々が集う巨大なスペースととらえた方が良いだろう。スポーツの場であり、商談の場であり、交流の場でもあるといった風に考えを広げておくことが重要だと思われる。

スポーツの試合がない平日などは、スペースを区切って会議室やセミナー室として貸し出しているケースも多い。施設全体の稼働率として考えた場合には、やはり平日の利用方法において工夫が必要である。

スタジアムにせよ、アリーナにせよ、VIPルームがたくさんあって充実しているということも海外の特徴だ。そのほとんどがゴージャスな内装が施されていて、大人数が一斉に食事をできるような広いスペースになっていたり、個室に区切られていて周りを気にすることなく静かに過ごせるようになっていたりする。日本と比較すると、そのようなスペースに手間とお金をかけているのである。スポーツを見に来た観客に対して、そこに一度は入ってみたいと思わせるような、誰もがあこがれるような「雰囲気のあるおしゃれで素敵な空間」を演出しているのだ。その場所にいるということがステータスであり、そこに入る資格を持つということがその人の人生の目標になったりもするのだろう。こういうところを見ると、階級社会という背景を感じる一方で、うまくスポーツを使っているなと思う。

サッカーの試合が始まる前や試合が終わった後、アルコールでも飲みながらリラックスしたムードで商談をすると、これまでうまくいかなかった商談でもあっさりうまくいったりするのではないだろうか。地元のチームをともに応援したり、プライベートでサッカーの話をしたりすることで、お互いのそれまで知らなかった一面を知ることになり、ビジネスとはまた違う接点ができて、相互に信頼関係が醸成され良好なコミュニケーションが取れるきっかけになるかもしれない。これもスポーツが持つパワーの一つである。日本に置き換えると、ゴルフ場で大事な話をするというのに近いかもしれない。海外では、おもにそれがスタジアムやアリーナで行われているのである。

広がるさまざまなアイデア、変貌するスタジアム体験

海外の事例でいくつか述べたが、スタジアムやアリーナを中心とした複合施設として考えた場合、それを事業としてとらえ、そこに永続性を持たせようと考えると、スポーツの試合のある土日だけでなく、1年365日全体での稼働率をいかにして高めるかが重要になってくる。試合やイベントのある土日だけでなく、平日でも稼げるような施設にすることが、その施設を長期的に存続させるカギとなるのだ。一言で言うと「平日も含めて、どのようにして集客するか」、そして究極的には「どうすれば特別に集客せずとも自然に人が集うような場所になるか」ということについて、そのスタジアムやアリーナを建設する以前の構想段階の時からどれだけ心を配れるかということである。ここでは、そうした観点から発生したいろいろなアイデアについて紹介してみたい。

まず、アイデアの一つとして、市役所などの公共施設を併設するという手がある。通常、公共施設は平日しか空いておらず、そのため普段から住民は平日に住民票を取りに行ったり、税金を納めに行ったり、さまざまな書類手続きなどをしている。スタジアムやアリーナに併設する施設に役所機能を持たせることで、平日にも一定数の人の往来が見込めるようになるというものだ。

新潟県長岡《ながおか》市にある「アオーレ長岡」は、その成功事例の一つとして有名だ。「アオーレ長岡」はJR長岡駅から徒歩3分の場所に、長岡市役所本庁舎とアリーナ、市民交流ホール、屋根付きの市民交流広場「ナカドマ」を備えた複合施設として、総事業費131億円で整備された。駅舎の2階と「アオーレ長岡」の東棟3階がペデストリアンデッキ（歩行用通路と広場を兼ねた高架建造物）で直結していて、鉄道利用者にとってアクセスがしやすくなっている。アリーナとしては、バスケットのBリーグの新潟アルビレックスBBのホームアリーナとして利用されているが、バスケットの他にも各種屋内スポーツや講演会・展示会・コンサートなど多目的の利用が可能である。

そして、この施設の中に市役所機能があるため、平日も一定の人通りがある。何より駅前にあるためスポーツ施設の集客面において立地が申し分ない。また駅前の立地は平日に市役所機能を利用する住民にとっても非常に便利である。ここで面白いのはスポーツなど

「アオーレ長岡」はホールとアリーナ、市庁舎を一体化した複合施設。すべての建物をつなぐ巨大な屋根付き広場の「ナカドマ」(写真上)、コンサートから各種スポーツまで最大5000人を収容できる「アリーナ」(中)、そして市役所(写真下は「市役所総合窓口」)など、さまざまな目的を持つ人が行き交う拠点として機能を果たすことで、市民の交流を促す公共空間を形づくっている。(写真提供：長岡市)

の試合がある土日だけでなく、平日の周辺交流人口も建設前と比べると増えたというデータがあるということだ。つまり、このような複合施設を駅前に造ることにより、土日などの休日のみならず平日においても地域全体の賑わいにつながったのである。

次に、幼稚園や保育園をスタジアムに併設するというのも良いだろう。晴れた日には裸足《はだし》の子供たちが広々とした芝生の上を駆け回るのだ。子供たちの健康にも教育にもきっと良い効果が表われるのではないだろうか。幼稚園や保育園があれば、送り迎えに来る親や祖父母たちも自然とそこに毎日訪れることになる。

そうすると、親同士や世代を超えた人々の交流のきっかけにもなる。たまには親や祖父母たちにも、グランドを開放すると楽しそうだ。もちろん年に一度の運動会はスタジアムの芝生の上で行うことになる。こうすることで、幼稚園や保育園に通う子供たちやその親・祖父母たちが、そのスタジアムを自分たちの家のように身近に感じ、その土地やスタジアムに対するアイデンティティが形成されることは間違いない。また、そのスタジアムをホームにするクラブがあれば、みんなが自然とそのクラブのファンにもなってくれるのではないだろうか。

図書館の併設もあったら楽しい。普段あまりスポーツになじみのないような人々でも、図書館であれば本を目当てにそこを訪れるかもしれない。絵本や子供向けの本を充実させれば子供たちもたくさん訪れるようになるだろう。最近では図書館とカフェが一体となったような施設が人気である。人口がそれほど多くない地方都市であっても、そういう施設は居心地の良さから結構満員になっていると聞く。せっかくスタジアムやアリーナの中にあるのだから、図書館の中でスポーツやその土地の郷土史などをテーマにしたセミナーやシンポジウムを開くのも良いだろう。こうなると、スタジアムやアリーナが多くの人にとっての学びの場にもなる。

建設に自治体が関わる場合には、防災施設としての機能が必要かもしれない。日本は台風や地震など自然災害の多い国である。万が一、台風や地震などが起きた時のために、それに備える防災施設としてあらかじめ登録しておくのだ。災害時に備えて倉庫などにあらかじめ食料や生活物資を備蓄しておいたり、災害が発生した時にはいち早く人々の避難施設とするよう、スタジアムと自治体とで協定を結んだりしておくなどが考えられる。スタジアムが公的な機能（この場合は防災機能）を備えるということも、スポーツが地域に貢献するという意味ではとても重要である。

エネルギー問題の解決ということでも、その土地の建物としてシンボリックな存在であるスタジアム・アリーナは利用できる。例えば、屋根にソーラーパネルがあって電気を自給できたり、施設全体が雨水利用などのシステムを備えることで「エコスタジアム」として建設をすれば、地域住民の理解を得られやすくなったりするのではないだろうか。

ちょっと変わった使いみちとして、スタジアムは地域の祭りのメイン会場としても利用できる。今、京都の祇園祭《ぎおんまつり》や徳島の阿波《あわ》おどりなど、全国でも有数の有名なお祭りが資金的な問題で存続の危機にある。その大きな原因の一つは、警備費がかかりすぎるという問題である。

もし、祭りのメイン会場としてスタジアムが利用できれば、警備費の問題は解決するように思う。なぜなら、スタジアムは普段の週末はスポーツの試合運営でいつも警備をしているので、祭りのメイン会場となった場合でも、効率的で熟練した警備体制をしくことが可能だからだ。スタジアムであれば、多数の観客を収容するのには慣れている。単発でさまざまなエリアを警備するよりも、ローコストで効率的な警備ができるだろう。ヨーロッパには大小どんな街にも人々が普段自然と集まるようなその土地を象徴する広場がある。日本においては昔から寺院や神社がその役割を担ってきていたのだが、昨今はそのような場所がだんだん少なくなってきている。その地域を象徴するような人々が集う広場としての役割を、これからのスタジアムやアリーナがお寺や神社に代わって果たせるのではないだろうか。祭りのメイン会場というのはそのようなものだと私は思う。

コンサートや音楽フェスティバルの開催も楽しい。インターネットやスマートフォンの影響でレコードやCDがどんどん売れなくなり、音楽産業のビジネスモデルは今大きな転換期にある。消費者がリアルに音楽を体験する場として、アーティストとファンの触れ合いの場として、またたくさんの人々が音楽を通じて盛り上がる場として、ライブの重要性は今後ますます高まっていくだろう。そうなった時にスタジアムやアリーナはその絶好の受け皿となる。特に収容人数が大きな会場は収益性から有利になるので、スタジアムやアリーナでのライブ開催は今後の選択肢として稼働率アップの対策という意味でも、常に上位に来る案件である。そのためには、あらかじめそれに耐えうる音響設備を備えておくことが重要である。またコンサートや音楽フェスティバルでの利用を見込む場合は、建設する際に周囲に音が漏れることを想定した（または音が漏れないようにする）全体設計にしておくことが必要だ。

そこでキャンプをするというアイデアもある。スタジアム・アリーナの芝や床の上に実際にテントを張って、夏休みに親子キャンプをするのだ。子供たちの目はキラキラ輝くに違いない。それに合わせて、自治体や学校と一緒になって教育プログラムを開発してはどうだろうか。その土地の歴史やスポーツチームのことについて、親子で一緒にスタジアム・アリーナで学ぶのだ。選手が着替えるロッカールームや記者会見の場所など、普段は立ち入れないような場所を回るバックヤードツアーを組み合わせても面白い。そのような教育プログラムと親子キャンプとが一体となった一日体験学習として、スタジアム・アリーナを利用するというアイデアだ。

アメリカでは実際に行われたりもしているが、そこで有名人の講演会を開くのも良いかもしれない。もちろん単独で講演会を行っても良いが、アメリカではスポーツの試合と講演会を同じ日に行い、それをどちらも楽しめる「講演会付きチケット」というものが存在する。このように考えていけば、スポーツのチケットにもさまざまなバリエーションが思い浮かぶのではないだろうか。選挙シーズンには政治家の演説会場として使っても良いだろう。たくさんの人に自分の政策を伝えるには、こういう大きな会場が適していると思う。

スポーツ観戦から予想外の体験ができる場所へ

アイデアはスポーツという枠を飛び越えても広がっていく。スタジアムは結婚式などめでたいことを祝うセレモニー会場にもなるだろう。有名人の結婚式や会社の周年事業、県や市の記念事業を行う場としてスタジアムやアリーナは最適である。

撮影スポットとしての利用もある。映画やＣＭの撮影場所としてスタジアムやアリーナは一定の需要がある。ただ、これを大々的に宣伝して積極的に使ってもらおうとしているスタジアム・アリーナは、まだあまりないように思う。打ち出し方によっては、一つの収益化のメニューとして面白い事業となりうるアイデアだと思う。私の友人が「スペースマーケット」という会社を経営しているが、これはいろいろな施設の空きスペースを使いたい人に時間単位で時間貸しするというシェアリングビジネスのオンラインプラットフォームである。このサービスを利用すれば、埼玉西武ライオンズの本拠地であるメットライフドームも数時間単位で借りることができる。ちなみに、メットライフドームの使用料は6時間100万円からである（2019年3月現在）。このように、スポーツ以外でも他社のプラットフォームを使って収益化を図るのも一つの手である。

スタジアム・アリーナが、その地域ならではのエンターテイメントとしても使えるかもしれない。

2023年に竣工《しゅんこう》予定の「長崎スタジアムシティプロジェクト」には「ロープウェイの発着場になる」という面白い計画がある。夜景の美しさで世界的に有名な長崎市にある稲佐山《いなさやま》から伸びるロープウェイは、現在山のふもとを発着場にしている。ただ、今はその発着場が地元の人でもちょっとわかりにくい場所にある。だからその発着場を、川を挟んだ対岸にあるスタジアムの敷地まで引っ張ってこようというのだ。

こうなると、どこに行けばロープウェイに乗ることができるのか、地元の人にはもちろんのこと長崎に初めて観光に来た人にもとてもわかりやすくなる。これまで以上に稲佐山で夜景を楽しむ人も増えるだろう。もしこれが実現すれば、「ロープウェイで山頂とつながる」、世界でも類例のない特徴ある〝珍しい〟スタジアムになる。

さて、こうしたアイデアをまとめると、これからのスタジアム・アリーナ経営に求められるのは「スタジアム・アリーナは、スポーツの観戦チケットだけを売っているわけではない」という発想だ。1年365日、施設全体の稼働率に目を凝らし、スタジアム・アリーナを中心とした複合施設として、その周辺を含めた街のデザインや人の流れや、そこに集う人々の感動体験などを全体のグランドデザインに落とし込み、それらをうまく調和させていくことが重要になってくる。そしてその時に、そのスタジアム・アリーナを利用する最大のコンテンツホルダーとして、スポーツ事業者がイニシアチブをとって周囲をまとめていく、というのが私から見た理想的な姿である。

最終的にはどのような施設であっても、せっかく大きなお金をかけて造るのだから「その地域の誇り」となるように設計すべきだろう。どこにでもあるような均質的なただの箱モノではなく、その地域ならではのヴィジョンなり、機能なりを備えたものにすること。そしてそこに住む住民たちが、その施設があることでその地域にアイデンティティを感じ、自分たちの誇りに思えるようにすること。さらに、そこが日常的に気軽に訪れることができるような居心地の良い場所だと感じられるようになること。こういったことが設計時の思想に反映されれば良いのではないだろうか。

政府の言うように、スタジアム・アリーナをコストセンターからプロフィットセンターに転換させていくこともちろん大切だが、これからのスタジアム・アリーナ経営における理想的で最終的なゴールは、こうした「地域の誇り」になることだと私は思う。

＊1　スタジアムの使用について規制する法律には、例えば都市公園法などがある。
＊2　20年前にはほぼ同じだったアメリカのメジャーリーグ（MLB）と日本のプロ野球（NPB）の売上規模は、2014年になってかなり差が開いたとされる（MLB：1兆円、NPB：1500億円、金額はどちらも推定）。そして今も差が広がり続けている。
＊3　サッカー場はその後、2013年度に人工芝整備がなされた。
＊4　買収額（TOBに要したお金）は74億円とされている。出資者が法人・個人も含め多岐にわたっていたため、TOBの際には多くの出資者と合意する必要があったが、DeNA社の数年間にわたる経営努力と実績が認められ比較的穏便に実現した。

第4章　スポーツ業界のキャリア論

――スポーツのその先を考える人になる

ミスマッチが多いスポーツ業界の採用現場

スポーツビジネスの世界で働きたいと思っている人はとても多い。特にスポーツチームのスタッフとして働くことは「ドリームジョブ」とも言われ、世界的に見ても人気の職業である。日本でも以前から、おそらく潜在的な希望者は多かったのだと思うが、近年その傾向が特に強まっているように感じる。今は他の業界で働いているが「いつかはスポーツビジネスで」と言う人もいるし、学生が就職活動をする中で「どうしてもスポーツに関係する仕事がしたい」と言う人もいる。スポーツを専門に扱う人材会社の友人に、登録者（スポーツ業界で働きたいという希望者）は数千人レベルだと聞いたこともある。

一方で、スポーツビジネスの現場では仕事量に比べて慢性的に人が足りない。ただ、これまでも述べているように、スポーツビジネスの組織はまだ一つひとつが中小企業レベル、それも小さい方のレベルであり、金銭的に潤沢《じゅんたく》ではないので人件費にしっかりお金をかけることは難しく、何とか少ない人数でやりくりして仕事をこなそうとしているのが実態だ。その結果、採用活動自体にも人を割けないので、その競技の出身者やすでに働いている職員の知り合い（コネ）から採用する場合がこれまでは多かった。これが一般の人から見て「どうやったらスポーツ業界で働けるかわからない」という理由の真実である。ほとんど一般に向けて採用の門戸が開かれていないのだから仕方がない。業界側からのニーズはある。働きたい人もいる。でもうまくいかない――。これがスポーツ業界の採用現場で起こっているミスマッチの一つである。

違うミスマッチもある。採用する側とされる側における意識や能力に関するミスマッチだ。私が埼玉西武ライオンズに勤務していた中で、ある時、球団職員の中途採用に関わったことがある。新聞広告と人材サービス会社で一般に向けて広く募集したところ、短期間で1000人を超えるたくさんの応募が集まった。その多くの人の履歴書にはこのように書かれていた。

「私は小さい時から大学まで真剣にこの競技（野球）に打ち込んできました。仕事でも好きな野球の世界で働きたいと思います」

「私は小さい時から西武新宿線沿いに住んでいて、ずっとこのチームのファンクラブに入っていました。だからこの球団で働きたいです」

これらは決して悪い動機ではない。だが、採用にあたって球団が抱いていたイメージとは少し違っていた。当時、球団はビジネス面でのプロフェッショナルを採用したいと考えていて、その旨をちゃんと募集要項に明記していたのだ。つまり、必ずしも〝スポーツ愛〟や〝球団愛〟を重視した採用ではなく、募集していたそれぞれの業務の経験者を求め、球団のビジネス面での発展を推進してくれるような即戦力になってほしかったのだ。球団が考えていたのは、例えば飲食部門の担当者であれば、これまでデベロッパーに勤務していくつかのテナントのマネジメントを経験したことがあるとか、飲食チェーンに勤務して本部でメニュー開発を担当していた経験があるというような、球団のスタジアムビジネスにおいて、より良いサービスを提供できるような人を採用したかったのである。いわば、それまでの職歴を活かしたプロフェッショナルを望んでいたというわけだ。

ところがふたを開けてみると、残念ながら我々が考えていたようなプロフェッショナルとしての経験を持った人からの応募はほとんどなかった。完全なミスマッチが起きてしまったのである。その時はいくつかのポストで募集をしたのだが、例えば、飲食担当者の応募に対して、飲食とはまったく関係のない仕事をしてきた人でも、前述のような「野球が好きだから」とか「チームが好きだから」とかいう理由で、多くの人が応募してきたのだった。

このような意識や能力に関するミスマッチの現象は、スポーツビジネスの中身に対してまだまだ一般の人の理解が進んでいない証拠であると私はとらえている。またライオンズのケースでは、それに加えて先ほど書いた需給面でのミスマッチがあって、スポーツ業界で働きたい人が多いにもかかわらず、定期的な採用の機会はなく、いつ出されるかわからない公募でしかスポーツ業界で働くチャンスがないため、たとえこれまでの自分の職歴とは関係ないポストに関する募集だとわかっていたとしても、応募者は公募を見た途端、何とかそこで働きたいという一心で、ミスマッチを承知で申し込んできたということも考えられる。*1

ここで挙げたケースのような採用する側と採用される側の意識のミスマッチは、残念ながらまだ数多くスポーツビジネスの現場に存在している。ただし、それは今後のスポーツ産業の発展とともに徐々に減っていくのではないかと私は考えている。徐々にではあるが、スポーツ業界の外側から入ってスポーツ業界の活性化に活躍しているような人材も増えてきて、最近はスポーツに関連するさまざまなセミナーやシンポジウムでスポーツビジネスのことを広く勉強できるような機会も増えてきた。私自身、何度かそのような場でスポーツビジネスの実態を説明し、仕事現場で行う実務内容やどのような能力や考え方がスポーツビジネスで実際には求められるのかについて話をさせていただいているが、そのような時、私が話をしている間はみなさん熱心に聞いているし、質疑応答の時間はいつも参加者から熱のこもった質問がたくさん飛んでくる。

このような機会を通じて、採用する側とされる側双方の意識や職務内容に基づく求められる人材・能力に関するミスマッチは今後、確実に減っていくであろう。スポーツ組織側の「どんな人が欲しいのか」という自問もいい人材を採るためには必須である。その中でも特に、採用される側の立場の人が「採用する側は何を求めているのか」ということを正確に知り、それに対応していくことが大切であると私は考える。なぜなら、そうしないといつまでたっても外部人材が採用されないからだ。そしてそうなっていけば、それが積み重なって、私の念願である「スポーツ業界が普通の業界になる」ための一歩につながっていくのだと思っている。

アスリートが迫られるセカンドキャリア

第1章で、スポーツビジネスは事業環境が非常に良く、将来的に発展することはほぼ間違いないと書いた。しかし第2章で、スポーツビジネスの現場におけるマネジメントにはまだ課題が多く、発展途上であるとも書いた。ここでは少し視点を変えて、一人の人間がスポーツをアスリートとして経験した後、実際にスポーツビジネスの中で働く、またはスポーツ以外の場所で働くということを切り口にしながら話を進めていきたい。「アスリートのセカンドキャリア」に関しては社会的な問題にもなってきており、人々の関心が非常に高い分野でもある。この本の「はじめに」で出てきた息子さんに、もしあなたが何かアドバイスをするとしたら、どのようなアドバイスをしたら良いのだろうか。

個人の視点でものを見た場合、例えば、もし自分の息子がスポーツの道に進むとしたら、親として一番気になるのはアスリートとしてスポーツを終えた後、その先のキャリアがどうなるのか、ということではないだろうか。端的に言うと「スポーツの道に進んだとして、果たしてその先ちゃんと食っていけるのか」という心配である。

一般的に頭に思い浮かぶのは、プロ野球選手が引退したあと、スポーツ用品店や居酒屋を経営するというようなことではないだろうか。残念なことに、それらは実際あまり成功していないケースが多く、またそういう興味本位の報道もたまに目にするため、どうしても悪い印象が強くなってしまうことが多いかもしれない。一方、成功しているように見えるケースとしては、アスリートとして一流になったあと、テレビ解説者や有力チームの指導者として活躍しているようなケースである。そもそも「食えるのか」という観点で言うと、プロのアスリートとして一流になっていれば、それまでに一生困らないようなお金をもらえているかもしれない。ただ、それはごく一部の成功例だろう。

このようにスポーツに進んだ後の仕事、という観点では一般的には良いイメージと悪いイメージの両方があると思われる。では実際には、どのようなことになるのか、ここではスポーツの道に進んでからのキャリアをいくつかのパターンに分けてみる。わかりやすいように、パターン1、パターン2、パターン3と3つに分けて考えていく。

〔パターン1〕小さい頃から全国レベルの実力があり、その競技では有名な存在だった。早くからプロ選手として活動し、世界を相手に転戦したのちに引退。アスリートとしては十分成功したと言える。その後、テレビの解説者・コメンテーターやその競技の指導者として活動する。

〔パターン2〕高校、大学、社会人とスポーツを続け、実業団の全国レベルで数年間活動し、その後に引退。結局プロにはなれなかった。競技者として「やりきった」後、いわゆるセカンドキャリアを模索する。

〔パターン3〕スポーツは高校または大学を卒業する時にやめた。進学や就職のタイミングでスポーツをトップレベルでプレーすることはいったんあきらめ、普通の社会人として新たな人生を切りひらく。

パターン1とパターン2は、アスリートがアスリートとしてのキャリアをある程度、全《まっと》うしたのち、スポーツ業界またはスポーツ業界以外で働くというキャリアである。アスリートとしての活動期間が長く、他の人が就職活動をする時期に就職活動をせずスポーツに打ち込んでいたため、どちらも巷《ちまた》でよく言われている「セカンドキャリア」という問題にぶちあたることになる。ただ、パターン1は比較的それまでのアスリート経験が活かされるような職が見つかるパターンである。パターン3はアスリートとしては早々にギブアップしたのち、一般の会社で働くというキャリアである。その働く先はスポーツに関係する仕事と関係しない仕事に分かれる。

まず、パターン1を考えてみよう。

パターン1のようなアスリートとしてのキャリアについては、一般的にメディアでもよく取り上げられるので、成功例としてみなさんが一番イメージしやすいのではないだろうか。小さい頃から競技をスタートし、市レベル、県レベル、地域レベル、全国レベルと順調に階段を駆け上がる。年代別の代表となり、その後オリンピックや世界選手権などで活躍して文字通り、日本を代表するようなアスリートに成長すれば、競技にもよるがプロとして生活していくことが見えてくる。その場合、これも競技にもよるが、報酬の額は青天井である。例えば、野球・サッカー・ゴルフ・テニスなどの有名選手であれば、たとえ競技生活が短くても一生分のお金を稼ぐことが可能である。選手としての実績はメディアからの報道もあって派手で目立つため、ファンも多く存在し、親としては子供のアスリートとしてのキャリアとして一番望ましいと思われるかもしれない。親の立場からすると小さい頃から子供の能力を見出して、その能力に投資して、一攫千金《いっかくせんきん》にチャレンジするようなイメージである。

これぐらいのレベルになれば、引退後も現役時代の知名度を活かしてテレビのコメンテーターや解説者として活躍することが可能である。仮にオリンピックのメダリストともなれば、一気にお茶の間にも名前が売れるので、しばらくの間は各方面から引っ張りだこになるだろう。そのアスリートのキャラクターが面白かったりすると、場合によってはテレビのバラエティ番組から声がかかることもある。

それと同時に、競技面でそれだけの活躍をすれば、その競技の指導者への道も開けてくる。まだしばらくは名選手が指導者として重宝されることが続くので、現役時代の競技成績に応じて所属先や母校に指導者として迎えられるチャンスも多くなってくる。現実としては「名選手、必ずしも名監督にあらず」なのだが、日本はそういった分野もまだまだ遅れているので、指導者として迎えられる時には現役時代の競技成績が重んじられる場合が多い。

ただし厄介なのは、このパターン1は確率論で言うとかなり難しいということである。例えば、野球の場合、高校野球には毎年約5万人の選手がいるが、プロになれるのはせいぜい毎年100人である。つまり単純計算で確率は0・2%となる。その先、プロとなってから一流のプレーヤーとして活躍できるのはそのうちせいぜい10人だろう。そうすると確率は0・02%となる。これは野球選手が1万人いたとして、たった2人である。このようにプロになるまでの確率や、プロになったとしても一流として活躍できる確率を考えていくと、それは可能性としてかなり低くなることがわかる。我が子の才能次第だが、親の立場としては、能天気にここだけを追いかけるわけにもいかないという気持ちになるのではなかろうか。

また、アスリートとして過ごすことをその人のキャリアの一部として考えた場合、プロとして活躍できる年数というのも、個人の人生を考える上では重要である。例えば、サッカー選手の場合、Jリーグ選手の平均的な引退年齢は25〜26歳と言われており、実働は5年間に満たない。その間、果たしてどれだけ稼げるのか。稼働期間を考えると、一部のスター選手を除けば、プロ選手といえどもプロの間に一生分のお金を稼ぐことをイメージするのは実はあまり現実的ではない。ただ近年は科学技術の進歩により、アスリートの稼働可能年数が徐々に伸びては来ている。サッカーの三浦知良《みうらかずよし》選手、スキージャンプの葛西紀明《かさいのりあき》選手、プロ野球のイチロー選手などがその実例だ。しかし、それもごく一部のケースだと思った方が無難である。よほど自分の身体のケアに気を遣い、節制をしない限り、そのように長期間一流レベルで活躍することは難しい。

アスリートとして活躍できる年数が短いとなると、やはり引退してからどのような仕事をするのかということが大事になってくる。これがいわゆる「セカンドキャリア」である。アスリートとしての活動を終えた後、セカンドキャリアに進むアスリートが数として多いと思われるのが、パターン2のケースである。もちろん、パターン1のようにアスリートとして成功したのち、スポーツに関連する仕事につけるに越したことはないが、先ほど述べたように、確率から言っても、誰もが一流になれるはずはない。現実的にはパターン2の方がケースとしてより一般的であると考えた方が良い。地元では小さい頃から有名選手で、大きくなって県を代表して国体選手になり、その後は実業団で活躍する。しかしプロにはなっていない。このようなアスリートが数としては比較的多い。実業団でも、所属する企業によっては、競技を引退した後もその企業にそのまま籍をおいて勤め続けることが可能なケースもある。そして、それができる、できないということを、アスリートが実業団の所属企業を選ぶ際の判断材料にしている場合もあると聞く。しかし、それもまたアスリート全体から見ると、実力が上位の人に与えられる特権であり、かなり恵まれたレアケースである。大多数のアスリートは、パターン2として競技引退後、必然的に自身のセカンドキャリアに向き合うこととなる。

採用する側からみたアスリートの特性

パターン2は、アスリートとしてはプロ選手になるほどまでは成功できず、その競技の指導者にもならずに、例えば、一般企業で働くようになったアスリートのキャリアのことである。このパターン2については、アスリートとしてプロになっていないことから、就職の際の難易度の高さが懸念されたり、その先の人生について、もしかしたら多少、悲観的な見方をされたりすることが多いのかもしれない。親としての心配の多くも、このパターン2についてではないだろうか。

採用されるアスリート側から考えても、自分は小さい頃からスポーツばかりやってきたので、いわゆる「スポーツ馬鹿」というように見られてしまい、就職先はあまりないのではないか、あったとしても処遇があまり良くないのではないかと思いがちである。同期の友人が就職活動をしていた時、自分はそれをしていないということを、何か引け目のように感じているかもしれない。ただし専門家に言わせると、そのようなアスリートでも、いやそのようなアスリートこそが、企業にしてみれば今、採用したい人材なのだという。これは一体どういうことなのか。

この人材派遣会社の専門家は、最近は企業側からのニーズとして「元アスリートを採用したい」という要望がどんどん増えてきているのだと言う。それも、どんな競技であれ、現役時代になるべく高いレベルでの成績を収めたようなアスリートを欲しているらしい。果たして企業側から見た場合、アスリートのどのようなところが良いのだろうか。アスリートのどんな特性を求めて、採用したいと言っているのだろうか。

その専門家によると、それはアスリートの特性として考えられるグリット（やり抜く力）、協調性、チームワーク、苦労を知っていること、理不尽に耐える力、礼儀が身についていること、先輩と後輩の関係性を経験し一般社会でも人間関係の構築に長《た》けていること、などが、採用する側からは好ましいと考えられているらしい。

そう言われてみれば、私自身の経験からしても、元アスリートと仕事をするのは楽しいものであった。商社勤務の時代、それこそ毎年何千人の人と会ってきたが、それとなく相手の経歴を聞き出す中で、スポーツを一生懸命やったアスリートだとわかると、少し安心できたものである。実際、そういう人と一緒に働いたことを振り返っても、自分の感覚は正しかったように思う。元アスリートには妙な人はいなかったという印象である。何よりも元アスリートは正直で、まっすぐであったということを思い出す。この前提があると、仕事としては確かにやりやすい。

では、先ほど示した、採用する企業側から見たアスリートの良いと思われる点について、一つひとつ見ていこう。

まず「グリット」というのは、アメリカのペンシルベニア大学心理学教授アンジェラ・ダックワース氏によって明らかにされた概念で、日本では「あきらめずにやり抜く力」と訳される。近年この概念は、ビジネス界でもよく語られており、陸上で活躍した為末大《ためすえだい》さんがアスリートの特性として講演などでよく言及している。

このグリットがもてはやされる背景には、今の日本社会における若者の風潮が関係している。ここ数年、若い人は以前と比べて〝草食系〟になったとか、ガツガツしなくなったとか、その特性が変わってきたという議論がある。中でも特に、何か自分の思い通りにいかない時、何か問題が起きてしまった時に、頑張ることをすぐにあきらめてしまう若者が多くなっているという。

これは、社会人として由々しき問題である。特に社会人となってすぐの頃は自分が思う通りにいかないことの方がどちらかというと普通であり、そのたびに頑張ることをすぐ止めてしまっていると、いつまでも社会人として成長しないことになるだろう。「石の上にも三年」ということわざがあるが、嫌なことがあってもあきらめないでやり続けることが、その人の成長や成功につながったということが実社会では多いのではないだろうか。アスリートは個人種目であれ、団体競技であれ、目標に向かって日々練習しており、たとえそれを普段から意識していようと、意識してなかろうと、自ずとやり抜く力（グリット）を鍛錬しているものである。

あとで述べる「苦労を知っているという点」とも少し関連するが、自分の思い通りにすんなりいかないことをスポーツ活動の中で普通のこととして経験しているので、アスリートであれば、たとえ社会でうまくいかない場合に出くわしても、これまでスポーツをやっていく中で普通に繰り返してきた思考回路を使って、簡単にあきらめるのではなく、やり方を変えてでも頑張ってみようという考え方に行きつくことが多い。「何とか頑張ってやり抜く」ということが、社会においては結果につながりやすいのである。そういう考え方や行動ができる若者は、今の世の中では大変貴重であり、採用に臨む企業側も、そういうグリットのある人材を求めるということである。

グリットの次に挙げられている「協調性やチームワーク」については、議論の余地がないだろう。仕事というのは、一人ではできることはたかが知れている。企業、特に大企業では、自分の属するチームのパフォーマンスを最大にすることだけではなく、隣の部署や企業内外で関連するいくつもの組織とうまくやっていかなければ、大きな成功はおぼつかない。そんな時、威力を発揮するのが、スポーツをやっていた時に培われたチームワークの精神である。そもそもアスリートは、チームワークの重要性を社会人になってから特段教えられなくても、これまでのスポーツでの経験から自然と学んでいる。自分のためだけではなく、チームのために戦ったり、練習や試合において仲間を鼓舞したり、励ましたりすることはスポーツを行う上では日常茶飯事であり、スポーツを行う上でこれも意識せずとも自然に経験していることである。

「苦労を知っている」という点も想像しやすい。以前と比較して全体の生活水準が上がり、苦労を知らない学生が増えた、という採用者の悩みに、アスリートは対応できるのだ。アスリートの中でも一部の天才を除いて、自分の記録やパフォーマンスが小さい頃から順調に伸びてきたという人は、むしろ少ないのではないだろうか。壁にぶち当たるたび、そこには一つひとつ、何らかの苦労があり、それをどうやって打破してきたのか、そのためにはどのような練習や心構えが重要なのか。アスリートであれば、その苦労を知った上で対応策を講じていくということを、自然と行っているのである。

「理不尽に耐える」ということにも慣れている。これには賛否両論あるかと思うが、良くも悪くも、これまで理不尽な練習や指導者の振る舞いに従わされ、発展してきたのが日本のスポーツの歴史である。悪いところはこれから改めていかなければならないが、社会における理不尽さに耐えられるかどうかという意味では、アスリートはこれまでにも何かしら経験済みだ。耐えられない人よりも、耐えられる人の方が企業としてポイントが高くなるというのも何となく理解できる。

「礼儀が身についている」ことに関しても、先輩―後輩の礼儀やそれに基づく信頼関係の築き方について、アスリートはごく自然と身につけていると言えるだろう。社会に出れば年齢が同じか近い人とだけでなく、目上の人とも上手に付き合っていかなければならない。昨今、特に自分よりも目上の人を部下に持つケースも以前より増えてきている。この時、スポーツで培ってきた先輩との付き合い方が、実社会でも参考になる。そもそも、敬語ができないという若者は世の中に多いが、アスリートにこれはまず当てはまらない（はずだ）。

また、先ほどの専門家が挙げたポイントに追加して、アスリートだからこその特権として「VIPに会えるチャンスがある」ということも付け加えたい。これは、アスリートがプロになるかならないかにかかわらず、スポーツをやっていなかったら、とてもではないが出会えないような人に節目で会える可能性があるということである。大きな大会前の表敬訪問や大会後の結果報告、年間を締めくくる感謝の会や年初めの決起集会、それからスポンサーに対してスポンサードしていただいていることへの感謝を伝えるといったタイミングで、企業経営者や自治体の首長、それに準ずるようなVIPにアスリートであれば会えるチャンスがあるのだ。

この重要性に気づいているアスリートは、私の経験上それほど多くはないが、これはものすごく大きなチャンスであり、そこで何を語るか、何を感じるか、何を考えるかが、その先の人生を決めるきっかけになる、それほど大切な出来事ではないかとさえ私は思う。そういう機会をとらえて、自分なりのしっかりとした考え方を身につけるということが、アスリートであれば可能なのである。

パターン2のアスリートは、競技生活を始めてから終わるまでに長い年月をスポーツとともに過ごしている。これまで挙げてきたようなアスリートの特性を活かすことができれば、たとえアスリートとして成功しなくても、その先の人生で社会人として大きく飛躍する可能性がある。スポーツを離れてから、社会人になる時やなった後に、自分のこれまでのスポーツ人生を振り返られるかどうかが肝《きも》になるのではないだろうか。これまでいくつか挙げてきたアスリートの特性を、アスリート自身が自覚しておくことが、自らのキャリアを選ぶ際にはとても重要である。

アスリートを支える人に求められる資質

最後に、パターン3から生まれたアスリートを支える人たちのキャリア、つまり、アスリートとして引退を表明するような有名選手になるまで競技を極めるのではなく、競技者としては早々にドロップアウトしたとしても、その先、スポーツに何らか関わって生きていくような生き方の場合である。私も高校時代まで野球をやっていたが大学ではやらなかったので、実はこのパターン3に含まれる。そう考えると、このパターンの対象となる人数は日本全国で相当多いかもしれない。もちろん就職の際、職種を選ぶ時にスポーツに関連するものを選ぶ場合と、そうでない場合があると思う。ここでは、スポーツ関連の職業を選んだ場合に言及したい。

一般的にスポーツ業界と言うと、アスリートの活動が目立つだけにあまり詳しく知られていないが、その及ぶ範囲というのは実はかなり広い。つまり、周辺産業がたくさんあるのである。例えば、用具などのスポーツ関連メーカー、スポーツ施設、マネージャー業やエージェント業。そしてコンテンツホルダーであるプロ野球球団やプロリーグの職員などがそれにあたる。先にも述べたが、アメリカのスポーツ業界全体の売上はすでに自動車業界を抜くほどの規模があり、直近の日本においては2017年度で6・4兆円の売上規模がある。これらすべてが、いわゆる就職先としてとらえた場合のスポーツ業界なのである。

そう考えると、早々にアスリート活動を終えたとしても、これまで自分の身近にあったスポーツ業界で働くということは、それほど特殊なことではないことがわかる。私もそうだったが（その時は結果としてそうならなかったが）、それまで真剣にスポーツに打ち込んできた人が初めて就職先を探す時、何となく「スポーツに関わる仕事がしたいな」と思う心は、みなさんも何となく理解できるのではないだろうか。

アスリートを支える人のキャリアとしてここで紹介したいのは、スポーツの仕事として比較的イメージしやすいと思われるスポーツ業界のど真ん中の仕事についてである。ここでは、おもに球団やクラブ、競技団体（協会や連盟）での仕事について触れたいと思う。

アスリートとしての現役を引退した場合、真っ先に考えるのは「できればこれからも（自分がやってきた競技で）スポーツに関わりたい」ということではないだろうか。引退してすぐのタイミングであれば、その競技の指導者になることが一番イメージしやすいだろうが、たとえそうならなくとも、「自分がやってきた競技をもっとメジャーにしたい」「子供たちにこの競技の素晴らしさを知ってもらいたい」というような思いで「スポーツに何かしら関わっていきたい」という声を、これまで私はずいぶんと聞いてきた。

そうなると、次に自分がやってきた競技を統括する競技団体への就職ということが視野に入ってくる。実際に競技団体では、その競技を引退したいわゆる経験者が多い。競技団体としても、その競技の特性やこれまでの慣習などを知っている人の方が、一から教える必要がないため、仕事がやりやすいし安心だからであろう。

しかし、ここには一つ、注意が必要なことがある。それはアスリートとしての競技能力と社会人としての業務能力やマネジメント能力とは、まったく別物であるということだ。

そのことは、これまでアスリートだった人や競技関係者を中心に構成されている、競技ごとの協会や連盟のマネジメントが、必ずしもうまく回っていないことが多いということからも推察される。わかりやすい例で言うと、マネジメント不在で何度も同じような問題を起こす日本相撲《すもう》協会などがその最たる例である。相撲協会では、競技力が一番優れていた「横綱」のポストを経験した人が「理事」になり、その中でも「名横綱」だった人が理事長になったりするが、究極の個人種目である相撲において、必ずしも「名横綱」だった人が組織の長としてのマネジメント能力に秀でている保証はないというのは、冷静に考えれば明らかであろう。

つまり、アスリートを支える人たちのキャリアを考える際に重要なのは、「現役時代、競技でどれだけいい成績を残したかとか、競技をどれだけ好きかというのは、あまり関係がない」ということである。それよりも、自分が与えられた仕事に関連する技能をしっかりと身につけていたり、ビジネスパーソンとしての基礎ができていたりする方が重要である。もちろん、まったく競技に興味がない人よりも、その競技をより深く理解している人の方が良いということはある。でも、あまりにその競技を好きすぎても、仕事としてはうまくいかない可能性が高いということも覚えておいた方が良い。

例えば、プロ野球を好きな人がプロ野球の球団職員になっても、仕事中に野球の試合を見られないことの方が多いのだ。球団としては、顧客を楽しませるエンターテイメントビジネスとして、またファンビジネスとして、ビジネスの根本をとらえてほしいのであって、職員には試合ではなく、ファンの方を見ていてほしいわけだ。ファンがどのようなことで喜び、どのような場面でクレームを出すのか、職員には試合の時に肌で感じてほしいのである。

当然のことだが、職員が試合を楽しんでもらっては困る。そして、職員として試合が見られないことで、働くモチベーションを下げてもらっても困るのだ。つまり、その競技が好きだからといって、試合を楽しみたい職員がいると、結果として組織運営上まずいことになるのである。このようなことは、これまで日本のスポーツ界ではあまり触れられてこなかったことかもしれない。私の経験ではアスリートとしての能力よりも、異業種で培ってきた専門性をスポーツビジネスの中で活かす方が、この分野では活躍できる。

アスリートの成長を支える仕組み

ここまで、アスリートのキャリアについて論じてきたが、アスリートはすべて自らの力でキャリアを切りひらく必要があるのだろうか。アスリートとして活動する中でアスリート自らが何か利用できるものや、それにまつわるチャンスはないのだろうか。

現役のアスリートはいつか引退するものであるが、アスリートの「セカンドキャリア」は社会問題の一つとして、一般にも関心が高い事柄であることは先にも触れた。それに対して、さまざまな角度から、対策や解決策が考えられ、実行されているのだが、まだこれといった〝特効薬〟がないというのも偽らざる事実である。しかしここでは、アスリートのキャリアをより良くサポートするという観点から、彼らの成長を支える特徴的な3つの仕組みについて紹介したい。

a．京都サンガ・京セラ・立命館学園による「スカラーアスリートプロジェクト」

私は以前、長崎の幼馴染《おさななじみ》から相談を受けたことがある。その幼馴染の息子さんはサッカー選手として中学生の年代別日本代表に選出されるほどの優秀なアスリートで、相談事というのは、中学卒業後の進路のことだった。よくよく話を聞けば、ユース選手の育成に定評のあるサンフレッチェ広島、京都サンガF.C.、鹿島アントラーズなど名だたるJクラブのユースチームから声がかかり、進路の選択肢がいくつも並べられている状況にあった。実際、どこでも望めば入れそうだというのである。

「おぉ、すごいな」と感嘆しつつ、じっくり検討した結果、私はその中から、最終的に京都サンガF.C.を勧めた。なぜなら京都サンガF.C.には、他のクラブとは違ったアスリートをサポートする優れた仕組みがあったからである。

それが、京都サンガF.C.の主要株主（責任企業）である京セラと、Jリーグクラブの京都サンガF.C.、立命館大学を経営する立命館学園の三者によって運営される「スカラーアスリートプロジェクト」で、それぞれが協力して「グローバルに活躍する世界水準のサッカー選手を育成する」ことを目指している素晴らしいプロジェクトだ。

中学校を卒業後、どんなに入る時に優秀であっても、Jリーグチームのユースチーム（高校生年代）、いわゆるU-18を卒業してからトップチームに昇格できる人材は、チームの中でもほんのひと握りだ。具体的には同学年で1人か2人の場合が多い。年によっては、ユースチームから1人もトップチームへの昇格者が出ないことすらある。そんな実情を踏まえて、この「スカラーアスリートプロジェクト」の優れたところは、そのひと握りに漏れたアスリートのために、たとえユースチームからトップチームに昇格できなくても、高校卒業後、立命館大学に入学して大学のサッカー部で活動できるという「セーフティネット」があるというところである（進学に際しては別途学力基準がある）。

競技者として高校卒業時にプロレベルになくても、4年間の大学サッカー生活の中で才能が花開く可能性もある（実際、近年はJリーグでも大学生から昇格するケースが増えている）。または、大学卒業後、サッカーの道に進まないということも人生の選択肢として考えられる。どちらになるにせよ、高校卒業時に学力基準を満たして立命館大学に入学することができれば、最低限「立命館大学卒業」という学歴が手に入るわけで、この制度は親の立場としては非常に安心感を抱ける仕組みなのである。

実は私の幼馴染の息子さんも、京都サンガF.C.U-18に進んだ後、残念ながらユースチームからストレートにトップチーム昇格とはならなかった。だが、このプロジェクトの仕組みを使って立命館大学に入学し、そこで大学サッカー部の中心選手としてプレーを続けることになったのだった。

私はこの京都の「スカラーアスリートプロジェクト」をモデルケースとして、このようなスキームが全国に広がればいいなと考えている。特に地方にある大学は、公立・私立を問わず、その地域にあるプロクラブと連携し、その地域特有のプログラムを企画することで、立命館大学と同じようなことができるのではないだろうか。その地域で高校・大学と育ったアスリートが、その地域にあるプロクラブに定着するケースが出てくるようになると、「おらが街のクラブ」を応援したいファン・サポーターからは、きっと支持されるのではないかと思う。またこのようなプログラムを通じて、大学側がプロクラブを使って何か新たに地域貢献をしようという発想にもつながっていくのではないかと思われる。

今後訪れる少子高齢化社会、東京への一極集中化の問題を考えた時にも、「地方大学と地方クラブによるコラボレーション」というのは、それらを解決する優れたソリューションの一つになるのではないだろうか。この京都の「スカラーアスリートプロジェクト」では、実際に京都から世界に出ていくような優秀なアスリートが育っている。これに続くような特徴のある面白いケースが、日本全国のあちらこちらで出てくることが望まれる。

b.「アスナビ」「アスナビNEXT」による就職支援

オリンピック・パラリンピックを目指すようなアスリートであれば、「アスナビ」という就職支援の仕組みを利用することが可能である。

これはＪＯＣ（公益財団法人日本オリンピック委員会）が行っている企業とトップアスリートをマッチングさせる就職支援制度である。最近は２０２０年を見据えて、企業側から特にパラアスリートを採用したいというニーズが高まっていると聞く。トップレベルにあるパラアスリートは、うまく業務内容などでアスリート側と企業側とがマッチングできれば、このアスナビの制度を使って企業に就職するチャンスがある。これまでに実際、37名のパラアスリートがアスナビを利用して就職している（2018年8月5日現在。なおオリンピックを目指すアスリートの支援実績は100名以上である）。このような制度を通じて、アスリートに就職してもらう企業側のメリットについて、多くの企業が理解を深めているということが嬉しい。

またJOCでは「アスナビNEXT」という制度も運用している。「アスナビNEXT」は、トップアスリートが現役を引退し、次のステージへスムーズに移行するための支援をする制度である。「アスナビNEXT」の内容について説明するJOCのウェブサイトには、このような記載がある。

全てのアスリートは引退します。また競技にまい進するがあまり引退後の自分をイメージできていないケースも多々みられます。そこで、現役のうちからキャリアデザイン力（将来を構想する力）を高め、準備すること、一方次のステージではスポーツで培われたさまざまな能力を存分に発揮できるよう支援します。

その為のおもな施策として「セカンドキャリア意識調査」「キャリアデザインセミ

ナー」「独立開業セミナー」「キャリアカウンセリング」を実施。トップアスリートには「インターンシップ」「就職」「就学」「資格取得」などさまざまな選択肢を検討します。尚、このサービスは無料です。

この制度はトップアスリート向けであり、全国各地にいるアスリートの数から考えるとその中の一部となるが、それでもアスリートと企業の接点がこれだけ増えたということは新たな光明である。スポーツビジネスが発展していくためには、企業が企業活動を営む中でスポーツを（この場合はアスリートを通じて）身近な存在であると認識していくことが重要であり、この「アスナビ」「アスナビNEXT」はその方向に一歩一歩確実に進んでいると思えるような良い制度である。

先にも書いた通り、これまでの日本のスポーツは企業スポーツとして発展してきたという歴史もある。そういう意味では、企業とスポーツの関係はすでに十分身近だったと考えられなくもないが、よくよく考えてみると、それは企業内に部活としてスポーツ部を抱えられる、ごく一部の大企業によるものであった。

アスリートと就職という観点で見ると、このような制度があれば一部の大企業だけでなく、より多くの大企業や中小企業にアスリートを採用するチャンスが開かれることになる。

そしてアスリートを通じて、スポーツの素晴らしさが企業の内部に伝わっていく可能性も広がるだろう。100人のアスリートがいれば、100社の企業がアスリートを雇用し、アスリートを通じてスポーツの良さを実感することができるのだ。

この制度の利用がこの先、順調に広がっていくと、100社が200社、300社とアスリートの雇用を通じてスポーツに関わる企業の数もどんどん増えていくことになる。スポーツ界にとっては注目したい動きである。

c. クラウドファンディングを使ったアスリートサポートの仕組み

次に紹介するのは、決してトップアスリートではないアスリートでも、競技能力に関係なく、誰もが利用できるような仕組みである。IT技術を中心としたテクノロジーの進化によって、これまではコスト面のクリアが難しかったり、技術的にできなかったことが、アスリートの成長に関わる分野でも、いくつか可能になってきたという事例である。

「アスリートが競技生活を辞めた後で何かを始めようと思った時、一般企業に就職しようが、自分で事業を興《おこ》そうが、競技活動中に応援してくれていたファンこそが物心両面でアスリートの支えになるのではないか」

そう考えて私は、2016年にアスリートやスポーツ団体に特化したクラウドファンディィングサービス「FARM Sports Funding」を立ち上げた。このクラウドファンディングサイトは、アスリートが競技生活を続ける中で、自分の練習方法や試合に挑む考え方、そして試合中に何を考えてプレーしていたかなどを積極的に情報発信し、既存のファンに対してより多くの、そしてそのアスリートならではの情報を届けることでファンとのエンゲージ（結びつき）を強めるとともに、SNSでの記事のシェアや投稿のリツイート、口コミなどによって新たにファンを開拓できるような仕組みである。

アスリートにとって、日常的にファンとコミュニケーションを取ることは、自然とスポーツ界以外の人との会話をすることにつながり、またこれまでどうしてもスポーツの練習場やチームという閉じられた世界で過ごしがちであった身からすれば、一般的な社会情勢やスポーツ界以外のものの考え方を知る機会となるので、視野は確実に広がり、アスリートとして活動する上でも良い影響が出るはずである。またコーチや同僚以外の人と会話することで、通常のコミュニケーション能力も上がり、さらにファンになってくれた人からのクラウドファンディングによる支援で、アスリートとしての活動を充実させるための資金調達もできるようになる。

私が立ち上げたFARM Sports Funding以外にも、スポーツ関連のクラウドファンディングサービスはいくつか出てきていて、直近の事例としてはフィギュアスケートの選手が

1日に700万円を集めて話題となった。フィギュアスケートは衣装代や振付師に支払うための費用がかかることに加えて、海外遠征も数をこなさなければ一流にはなれない。そのような時、こうしたクラウドファンディングサービスが、アスリートにとって金銭面での解決策の一つとなるという事例である。

これまで数年間、クラウドファンディングサービスを提供する中で、冷静に自己を分析し、アスリートとしての競技活動に加え、新たなコミュニティ活動を自ら始めるアスリートも出てきた。聞くと、ファンとのコミュニケーションを通じて、自分が何をすべきか新たな気づきが生まれたという。仮に、そのアスリートにファンが今100人いるとすれば、それが500人、1000人に増えるとなると、そのアスリートにとって現役中はもちろんのこと、競技生活で現役を終わった後でもとても大事な資産となるだろう。アスリートは一般の人に比べて目立つ存在であるので、こういうプラットフォームをうまく利用しさえすれば、自らが競技以外のさまざまな面でも独自に成長することが可能になってきたということである。

クラウドファンディングに近い形だが、スマートフォンのアプリを使った同様のサービスもある。「KIZUNA」というアプリがそれだ。

アスリートがこのアプリに登録をすると、自分が使っているフェイスブックやツイッター、インスタグラムのアカウントが連動され、そのアプリ内に一括で表示される。ファンからすると、これまでは好きなアスリートの動向を調べようと思うと、フェイスブックやツイッター、インスタグラムとそれぞれ別々のアプリを開いてチェックするしかなかったが、このKIZUNAアプリを使うと、KIZUNA内でそれが一元で完結するという優れものである。また、ファンとアスリートがKIZUNAアプリ内でチャットできる。面と向かっては会ったことのないファンとアスリートが、一対一で他愛もない会話ができるようになっているのである。

ファンはそのアプリを見ながら、自分の好きなアスリートの動向を毎日知ることができ、気が向いた時にチャットでお気に入りのアスリートとこれまでできなかったような交流を深めることができる。そうやってアスリートとコミュニケーションを深めていきながら、本当にもっと応援したいと思うようになったらサポーター登録をし、そのアスリートに対して月額支援をしたり、良い成績を残した時などに「よくやった！」「おめでとう！」と投げ銭するなど、アスリートに資金援助もできるというサービスである。

こうした、スマホアプリという手軽なサービスを利用しながら、アスリートがファンとのコミュニケーションを深めていくと同時に、資金調達も行えるということが、テクノロジーの進化によって可能になってきている。大事なのは、クラウドファンディングやKI

ZUNAのようなアプリを利用すれば、トップアスリートではない大勢のアスリートも、それがたとえマイナースポーツであったとしても、努力や心がけ次第でファンを増やしたり、資金調達ができるチャンスが生まれているという事実である。

一部のトップアスリートを除いて、大多数のアスリートが競技生活を続ける中で金銭的に十分な支援を受けられているわけではないのは周知の事実である。トップアスリートではないアスリートは、自らの置かれたその状況をそのまま受け入れることに甘んじず、こういったサービスをもっと積極的に使い、ファンを増やしたり、資金調達をしたりしていくことに取り組んでいくべきだと私は考えている。

クラウドファンディング、スマホのアプリと来て、直近ではブロックチェーンの技術を使った投げ銭モデル、というのも出てきている。テクノロジーの進化は日進月歩であり、特にスポーツはテクノロジーとの相性が良いので、この先もアスリートにとってはたくさんの新しいチャンスが生まれていくだろう。問題はそれを受け入れる側の姿勢や体制である。アスリート自身やアスリートが所属するマネジメント会社、スポーツ組織自体が、これらのチャンスをどのように受け止め、利用していくのか——。最新の社会状況をリサーチし、常に勉強する姿勢が大切になるのだが、それぞれまだそこには至っていない。

一般のファンが、テクノロジーを介してスポーツ界につぎ込む金額は、これからますます増えていく。その流れはほぼ確実で、この動向はスポーツ界全体とアスリートのサポートに新しい関係を築くという意味で、今後さらなる注目が集まるだろう。しかしその一方で、利用の仕方についてはまだ情報が行き渡っておらず、また利用の体制も充実しているとは言えない。まだまだ課題はあると言えよう。

アスリートであること、そのメリットを活かす

採用する側から見たアスリートの特性のところでも少し触れたが、「VIPに会える」というのはアスリートの特権である。もちろん、ただ会うだけではなく、その先にどう活かすかというのが大事なわけだが、その特権を有効に活かしたような事例を最近よく目にするようになってきた。一番有名なのは、サッカー日本代表の本田圭佑《ほんだけいすけ》選手だが、アスリートがアスリートとしてバリバリ活躍している時に、ビジネス界にも進出する動きが増えてきたのである。

本田選手はアスリート活動と並行して、自分で会社を作り、経営者として海外のサッカークラブをはじめ国内外のサッカースクールを経営したり、ベンチャー企業への投資を行うなど、事業も精力的にこなす。彼自身が持つ知名度と人脈を駆使しながら、良質な情報から生まれるビジネスチャンスを確実にものにしていっているようだ。

そんな本田選手に触発されたのか、長く海外で活躍している長友佑都《ながともゆうと》選手も同様の活動を始めている。また日本国内で活躍した選手の中にも同様の動きがある。浦和レッズで活躍した鈴木啓太《すずきけいた》選手は、選手生活の終盤から腸内フローラの研究に興味を持ち、引退と同時にそちらの分野に進んでいる。

これらの活動は、いわばアスリートならではの活動である。前述したように、アスリートであるからこそ会える人や、そこからもたらされる有益な情報を自分の人生に活かすという発想であり、今後そのような事例は増えてくると予想される。先ほどのクラウドファンディングにもあったように、現役でアスリートとして活動していく中、ファンとのコミュニケーションを積極的に図るというのも、アスリートならではのことである。そのような、さまざまなチャンスがある中で、それを活かすも活かさないもアスリート次第であり、それがその先のキャリアにおいてアスリートごとに差が出てくる要因になるだろう。

これまでは、アスリートが現役のうちに競技活動以外の活動を行っていると、指導者やファンから「もっとちゃんと練習しろ」とか「そんなことをしているから記録が伸びないんだ」といった意見が出たものだ。だが、これからの時代、そんな意見は少なくなっていくに違いない。これまで、どちらかと言えばあまり自己主張しなかったアスリートだが(スポーツマンは黙々と練習する、というのが良しとされていた)、近年のスマホ社会の到来により、自分の考えを積極的にSNSで発信するアスリートはどんどん増えている。また、自分が競技している以外の競技の情報やスポーツ以外の情報にも触れる機会が増えることによって、アスリート自身の見識が自然と広がっているということもある。だからこの先は、これまでとは違った動きがどんどん多くなってくるはずだ。その結果、アスリートにとっての選択肢は確実に広がっていくだろう。

最後に章の結びとしてまとめよう。

自らの置かれた環境で得たチャンスを活かして行動すること——。それができるかどうかが、アスリートとしての成長に、ひいてはその後のキャリアの成否にも直結する。もちろん、先に挙げた企業側が評価するアスリートの特性についても、あらかじめ理解しておくと良いだろう。その上で、自分に何ができるかということだ。

アスリートにはアスリート特有のチャンスがある。現代はアスリート自らが考え、行動していくことで、自分の未来をより切りひらいていけるようになった時代なのである。

＊1　埼玉西武ライオンズでは、その後、通年採用に切り替えている。

第5章　地方創生論

――スポーツは地方創生に有効か

街の誇りに訴えた長崎でのチャレンジ

まず、私自身のことから始めよう。

私が地元長崎でV・ファーレン長崎の立ち上げに参画した時、最初に考えたのは、どうやって周りの人を巻き込んでいこうかということだった。地方にJリーグを目指すクラブができることは、チームが強くなり、どんどん上のカテゴリーに進んでいくことももちろん大切なのだが、それよりもその姿を見て地域の人が盛り上がり、元気になってくれることの方が最終的には大事だと私は考えていた。そして、そのためにはサッカーの周辺にいる人々だけではなく、どちらかというとサッカーにこれまで縁がなかった人々にこそ、このプロジェクトに面白がって参加してもらえるようになることが必要だった。

私はその時、アプローチの方法として、長崎のみんなの「街の誇り」に訴えかけることにした。2005年当時、九州の他の都市（例えば、福岡や大分や佐賀県の鳥栖《とす》）にはJクラブがあったのに、長崎にはまだなかったことを何となく残念だと思っている〝長崎人〟は多いのではないかと踏んだのだ。特に長崎の人には、例えば隣の佐賀には負けたくない、いや負けるはずがないというような、他の都市に対する妙なプライドのようなものがある。私自身が長崎の人であり、これまで自分が長崎で生きてきた中で、また周りの大人たちの会話などからも、そうした感覚が長崎に住む人の中に染み込んでいるということを、何となく肌感覚として覚えていたのだ。

私はことあるごとに、あちこちで、当時Ｊ２だったサガン鳥栖の名前を引き合いに出してこう訴えかけていた。

「佐賀の鳥栖にＪクラブがあるのに、長崎にはないなんておかしいじゃないですか？」

「長崎の方がサッカー強いでしょ？」

「佐賀に負けていいんですか？」

「長崎で育った若い才能を外に出すだけじゃなく、長崎にＪクラブを創って受け皿を作りましょうよ！」

高校サッカーの世界では、島原《しまばら》商業や国見《くにみ》高校が全国制覇を何度も達成しており、またこの年代では、長崎が九州全体のレベルを引き上げている立場にあった。全国的に見ても、静岡などと並び、長崎が「サッカーどころ」と言われてきた歴史もある。つまり、サッカーが盛り上がる素地が、もともと長崎にはあったのだ。その火種に何とかして火をつけられないか、そう私は考えていたのである。

少しローカルな話題になってしまうが、長崎県の県庁所在地であり一番大きい長崎市と、二番目に大きい佐世保市《させぼ》はもともとライバル意識が強く、仲が悪い。これには歴史的なものや地理的なもの、経済圏や住民感情、住んでいる人の性格や特徴など、いろいろな原因や理由が考えられる。さまざまな問題が複雑に絡み合っていて、これを解きほぐすのは誰がやっても一筋縄ではいかないだろう。長崎県では誰も解決できないとされてきた長年の課題なのだ。ただ唯一、スポーツなら何とかなるのではないか、と私は楽観的に考えていた。スポーツは地域にとってシンボリックな存在であり、時にたやすく人々をまとめるような力がある。一体感を持って彼らを結びつける手段として、「V・ファーレン長崎」がJリーグを目指して駆け上がっていく過程で、長崎県人のアイデンティティを高め、長崎の誇りを取り戻すことに貢献できるのではないだろうか、と。

当時、おぼろげながらそのように私は考えていたわけだが、今たくさんの人々の努力と献身のおかげで、その姿にV・ファーレン長崎が近づいている。

2005年、島原半島にあった有明《ありあけ》SCというチームを改称して発足したV・ファーレン長崎は、今や地理的に長崎県の中央部分に位置する諫早《いさはや》市に練習グランドやクラブハウスを持ち、2023年には長崎市内にホームゲームを行うための専用スタジアムを新設する予定だ。そしてクラブ経営は、佐世保市に本社を構えるジャパネットホールディングスが行っている。結果として、県内の主要な場所に拠点を持ち、見事に長崎県をまとめるような存在となったのである。長崎県にはたくさんの離島があることも特徴だが、V・ファーレン長崎の選手たちは、あちこちの離島で開かれるサッカー教室に出かけていき、島の子供たちと一緒に身体を動かしながら、住民らに夢を与えている。

長崎県全体を考えた時、県全体を笑顔にするような優良なコンテンツは、おそらくこれをおいて他にはない。スポーツと地方創生を考える時、V・ファーレン長崎の〝成長物語〟は一つの地方創生の慈《いつく》しむべき結晶であり、もしかしたら、他の地域への展開や連携が期待できる面白いストーリーではないかと、私は思う。

街の誇りとスポーツ

さて、改めて述べるが、地方創生を考える時、最初に考えるべきことは、その街が他所《よそ》に自慢できるようなこと、つまりその街が誇りに思うこととは一体何だろうか、ということである。

長崎では、それが島原半島の高校サッカーだった。「この街はここが良いよ！」というところがないと、なかなかその先に進むのは難しい。どんな小さいことでも構わないので、この街には他とは違う、こういう特徴があるということを、住民総出で探し出すことから始めなければならないのではないか。逆に言うと、そこに住む人が常に自分の街に誇りを持って暮らすことができていれば、地方創生はもう成功しているようなものだと言えるかもしれない。確固たるものはないまま、ただ何となく「地元が好きだ」と思っているような人は、自分の街のどんなところが好きで、他と比べて何が勝《まさ》っているのかということを、普段あまり意識していないのではないだろうか。ここでは、街の誇りを形づくる要素について掘り下げて考えてみたい。

ヨーロッパの人が、自分の住む街を誇りに思う3つの要素があるとしたら、それは何かご存知だろうか。住民が誇りを持って生きていける街——。Jリーグ初期に理事として活躍された傍《ほう》士《じ》銑《せん》太《た》氏によると、それは大学のある街、音楽のある街、そしてスポーツのある街だという[*1]。

昔から、特にヨーロッパでは、大学というのは本当に専門的に勉強したい人が行くものであって、今の日本のように誰でも大学に行きたがり、誰でも入れるくらいたくさんの数の大学があるということはない。そもそもヨーロッパで古くから大学のある街というのは、それほど数が多くないのである。そのため、ヨーロッパにある数少ない大学のある街は、長い歴史と伝統を持ち、その国の「学問の街」として栄えてきた。そこに住む人々はそのことに誇りを持ち、「この国の教育や人材を支えてきたのは私たちだ」という気概を持って誇り高く暮らしているのだ。

スウェーデンの首都、ストックホルムの郊外にウプサラという街がある。ここは古くから、ウプサラ大学のおひざ元として栄え、植物学で有名な学者リンネを育てた街である。私は以前、ストックホルムに交換留学生として住んでいたのだが、その時、週末を利用してここをたびたび訪れていた。それほど大きな街ではないものの、質実剛健というか歴史に裏打ちされた静謐《せいひつ》さというか、街の中に規律と誇りを感じることができた。大都会とは違って、静かな中にも凜《りん》とした雰囲気の漂う、何となく背筋の伸びるような清々《すがすが》しさを湛《たた》える街だったことを思い出す。

日本で言えば、一橋《ひとつばし》大学のある文教都市・国立《くにたち》に近いと言えばイメージしてもらえるだろうか。国立《くにたち》音楽大学入学をきっかけに故郷・愛媛《えひめ》を出て国立で十一年を過ごしたテノール歌手の秋川雅史《あきかわまさふみ》氏は、「（国立は）昔から治安が良く、アカデミックな雰囲気の街。地元の人が自分たちの街に誇りをもっている印象もあります」と、若い頃を振り返りながら語っている[*2]。

音楽もしかりである。オーケストラのある街は、日常的に良質な音楽に触れる機会が多く、音楽以外でも文化的、芸術的なものを受け入れる懐《ふところ》の深さが印象的だ。ヨーロッパでは音楽は教養であり、昔は社会的地位の高い文化人が嗜むものとされていた。その土地以外に住む人々もきっとそれにあこがれて、いつかはああいう街に住みたいと思っていたのであろう。ヨーロッパで言えば、ウィーン（オーストリア）やプラハ（チェコ）などがそれにあたる。

私はまだ、実際にそういう街で暮らしたことはないが、何となくおしゃれで文化的に豊かそうで、街の佇《たたず》まいも美しく優雅で、静かに住むのにはきっと良さそうな街である。そこに住んでいる人々は、おそらく「我が街のオーケストラ」に誇りを持って暮らしているのだろうと想像ができる。日本の各地にも、いくつかオーケストラのある街はあるが、まだそこまで誇りの持てるような音楽を活かした街づくりをしているという話を聞かない。せっかく大切な資産なのだから、その価値を最大限に利用して、もっとまちづくりに有効に使えるのではないかと思っている。

そしてスポーツである。街の誇りということで言えば、ヨーロッパには古くから「地域対抗の祭り」というものがある。街の人たちが総出となって、何日もかけて大きなボールを奪い合ったりするような、とても大掛かりな祭りのことだ。その日はその地域の誇りをかけて大人も子供も隣の地域と真剣になって戦う。知恵を絞り、みんなで協力して、何とか隣の街に勝とうとする。そして、そこで活躍した人は、その地域のヒーローになる。そんな祭りの伝統が、現代に伝わり、今行われているスポーツのダービー戦の起源になったという。そして、そういう街のコミュニティを支えているのが、ドイツなどヨーロッパ各国で見られる地域の人みなで楽しめる「総合型地域スポーツクラブ」である。

総合型地域スポーツクラブの理想形とは、こんなものだ。

地域の住民はみな、地元クラブにメンバーとして参加していて、そのクラブの運営も基本的には地域の住民たちが支えている。実際、住民たちがスタッフとしてそのクラブに関わっており、役割に応じて有給もしくは無給で働いている。多くの競技を楽しむことができ、それぞれの競技でコーチは父兄がボランティアで務めていて、一部の専門的な技能を教える必要のある競技や高レベルのクラスにはプロのコーチがいたりもする。その場合は、街の中に適任者がいなければ、街の外からコーチを引っ張ってくることになる。

地域に住む人々は、子供も大人も日常的にそこで体を動かす生活を送っている。特に子供たちはみんなこのクラブチームに所属していて、習熟度に応じて徐々に上のクラスに上がっていく。習熟度別なので、年齢が違う人とも一緒にスポーツをすることになる。上のレベルになってくると、自分たちの地域の代表が他の地域の代表と戦っているという構図だ。子供たちが歳を重ねてどんどん強くなり、一部の地元の選手はそのままトップチームの選手となって活躍する。

地域の大人たちは、子供の頃から知っている近所の顔見知りの選手を、どんなにトップチームのスター選手になっても、自分たちの仲間として身近に温かく応援している。そこには子供から大人まで、スポーツクラブを中心とした包括的なコミュニティがあり、スポーツを介した心温まる生活がある。

こうした理想的で豊かなクラブライフのある街が、これから日本においても少しずつ増えてくるのではないかと予想したい。Jリーグが発足して25年が経ち、当初掲げられた「100年構想」のもと、各クラブがその方向を目指してはいるものの、まだまだドイツのような総合型地域スポーツクラブには至っていないようだ。ただ、長期的に俯瞰《ふかん》してみると、徐々にそちらに向かっていることは間違いない。健康に過ごすことができて、地元の人々とのつながりが保たれている。そして、そこに心地良いコミュニティがある。「居心地の良い場所」があること――。これからは、日本でもそんな「スポーツのある街」が街の誇りの大きな要素となっていくと思われる。

スポーツと地域の密接な関係

1993年に開幕したJリーグは、これまで日本において最も隆盛を誇っていたプロ野球をアンチテーゼとして制度設計を行っていたという。企業が主体となって発展していった歴史のあるプロ野球を見ながら、Jリーグは企業を主体とするのではなく、「地域密着」

の概念を初めて打ち出したのだ。Ｊリーグは、日本で新たなプロリーグをスタートするにあたって、先輩格であるプロ野球と同じような仕組みではプロ野球以上には発展しないだろうと考えたのである。

日本において最も隆盛を誇っているプロ野球といえども、その運営方式は決して完璧《かんぺき》というわけではなく、改善すべき点がいくつかあることも当時からわかっていた。また世界を見渡すと、サッカーという競技自体が、企業よりも地域に寄り添って発展してきたという歴史もあった。特に日本サッカー協会との関係が深かったドイツでは、地域を軸《じく》とした展開が比較的うまくいっているということがわかった。こうして日本初のプロサッカーリーグであるＪリーグは、地域をベースとして発展してきた長い歴史があり、総合型地域スポーツクラブのモデルが比較的うまく回っているドイツのサッカーリーグをモデルとしながら、そのスタートを切ったのである。

Ｊリーグの「地域密着」という概念が顕著に表われているのがチーム名の取り扱いだ。プロ野球は「読売ジャイアンツ」や「阪神タイガース」など、企業名がチーム名に必ずついている。そのため企業にとっては、プロ野球球団を経営することによる広告宣伝効果は抜群であり、企業がチームにお金を出す際には「広告宣伝費」として出費をしやすい仕組みとなっている。チームに名前のついている企業は、親会社として主体的に球団運営に取り組み、万が一、損失が出た時にはその補塡をするなどして、球団経営にあたってきたのである。ただし、その企業の経営が傾いた際にはプロ野球球団の運営を続けられず、「身売り」という形で親会社が交代するようなことが歴史的には何度かあった。

一方、Jリーグはチーム名に企業名をつけることを禁止した。企業のクラブではなく、地域のクラブであるというメッセージを、チーム名に込めたのである。そして、企業名の代わりに地域名をチームにつけることにした。もちろん、企業が運営会社に出資をしたりスポンサーとしてクラブを応援したりしても構わないが、その本質としては、クラブの本拠地（ホームタウン）の人々が「おらが街のクラブ」として、主体的にクラブを盛り上げていくことを理想としたのだった。Jリーグは、これが企業の業績に左右されないサステイナブル（持続可能）にクラブが発展していくカギだと考えたのである。

この概念は当時、非常に新しかったし、挑戦的であり、とても刺激的であった。本当にうまくいくかどうか、中には懐疑的な見方もあったと聞く。しかし、Jリーグ開幕から25年たった今、Jリーグは立派に存続し、チーム数も全国に55まで拡大している。それはつまり、「地域密着」という考え方が人々に受け入れられたという証拠である。

それを見て、今度はプロ野球のいくつかの球団も、「地域」という軸でモノを考え始めた。それまで、東京を本拠地にしていた日本ハムファイターズは札幌に移転し、札幌を中心にした北海道全土をフランチャイズにして成功を収めた。当時、後楽園球場（今の東京ドーム）を巨人と併用して使っていたが、人気のある巨人戦は満員になっても日本ハム戦はガラガラということが続いていた。セ・リーグとパ・リーグでリーグが違うとはいえ、日本一の人気球団であった巨人と同じ本拠地では、日本ハムファイターズが人気を得ていくのは難しかったのである。

それが今や、札幌ドームでは多くの試合で満員が続いている。もともと巨人ファンがほとんどだった札幌に「おらが街のチーム」ができたことで、北海道のみんなが瞬《また》く間にファイターズファンになったのである。同じパ・リーグの西武ライオンズも「埼玉西武ライオンズ」と名前を変え、ファンに対してより地域に寄り添う姿勢を表わした。セ・リーグでは、ベイスターズも「横浜ベイスターズ」ということを強調し、横浜の色を前面に出しながら、地元横浜の街に寄り添い、これから街の発展にどのようにして関わっていくか、地域を軸にし、球団がより主体的に、より積極的に動こうとしている。このようにして今やスポーツを語る時、「地域」という軸は欠かせなくなってきている。

さてここまで、スポーツと地域の関係について述べてきたが、翻《ひるがえ》って、身近にあるあなたの住む街のことを考えた時、あなたの街にスポーツはあるだろうか。もしあなたが自分の住む街を元気にしようと思ったら、その時、スポーツは有効なものとなるだろうか。

この章ではこのあと、視点を変えて、地域を盛り上げることにつながる「スポーツと地方創生」について述べていく。

ハードとソフトの組み合わせからはじめる地方創生

そもそも、地方創生とは何か——。最初に断っておくが、ここで考える地方創生とは、必ずしもその地方の人口を増やし、それに伴ってみなが経済的に豊かになるといったことではない、ということを前提としておきたい。

日本の高度成長期は完全に終わった。そのことに異論をはさむ人はいないだろう。戦後の高度経済成長期を経て、世界的に見ても成熟した社会となった日本は、これから急速な少子高齢化に向かうことが確実だ。そうした環境の中、高度成長期と同じように人口を増やし、消費を増やし、税収を多くあげて地方が豊かになろうというのは、もはや現実的ではない。どう考えても無理があるのだ。例えば、現在まだ多くの自治体で行っている、組立型産業の工場を誘致して1000人単位で地域の雇用を増やすといったこれまでの政策だけでは、その先のプランがない限り、ダメだと思っている。その証拠に、メーカーが生産拠点（工場）を突然、海外に移転させたり、だんだんと生産活動自体を縮小するなど、地域にあった職場や仕事がなくなってしまう事態を、これまで多くの自治体が経験している。そしてそうなりそうになった時、地域側の動きは、工場を誘致したメーカーに対して「何とかなりませんか」と陳情するしかないのが常だ。つまりはすべてが人まかせとなり、地域に主体性がないことが問題なのである。

ここで考える「地方創生がうまくいっている状態」とは、人口が多くても少なくても、そこに暮らす人々が自分の住む地域に誇りを持って穏やかに暮らし、心豊かに幸せに生活できている状態であるとしたい。

またそうなる過程で、どうやったらそうなることができるのかということを、地域の人々が集まって自発的に考え、一つひとつ施策を実行していく。そうした姿・態度そのものが、地方創生がうまくいっている状態であると言えるかもしれない。なぜなら、そこには地域の主体性があるからである。そうなるためには、最低限のお金が必要かもしれないし、そうなるとそのお金を生むための新たな産業が必要になるのかもしれない。ただし、必ずしも大きな額のお金が必要だとは限らないし、大きなお金があれば、必ず地方創生がなされるとも限らないだろう。

最低限のお金は必要かもしれないが、それでは一体いくら必要なのか。そして、それを生み出すにはどうしたら良いのか――。あるべき姿を先に考え、それに伴う資金や仕組みを自分たちで自発的に考えていくこと。それが私の考える地方創生である。

工場誘致や先ほどの撤退に際しての陳情場面のように、メーカーまかせとなり、地域の人たちが自分たちで何事も決められないようになる事態はできるだけ避けるべきだろう。別の言い方をすると、ポイントはハードだけではなく、ハードとソフトとの組み合わせが重要であるということになる。先の例で言うと、メーカーに対して工場を誘致してその地域に工場を建設するのは、ハードの手配だけをしたということだ。

一方、ソフトというのは、もっと繊細《せんさい》に扱われるべきものだ。もともと工場の周りに住んでいてその工場で働くことになった人や、地域外からその工場に働きに来る人など、あらゆる立場の人々のことを考え、その工場で働き、地元で生活をしてもらった時、どのような気持ちでいてもらい、充実した毎日を過ごしてもらうのか、それらのプログラム全体を設計することだ。これが私の言うソフトである。

ハードとソフトがうまく組み合わさって初めて、地方創生の可能性が出てくるのではないかと私は考えている。

スポーツと地方創生の相性

そう考えると、地方創生とスポーツとの相性はとても良いのではないか。なぜなら、スポーツは地域の人を元気にするのに最も良いソフトであり、コンテンツだと思うからである。老若男女、あらゆる世代の人がスポーツならばごく身近に感じられる。地域の中には普段あまりスポーツになじみのない人もいるだろうし、必ずしもスポーツが好きだという人ばかりではないかもしれない。しかし、そういう人でもオリンピックになれば日本を応援するだろうし、例えば、地元のサッカークラブがＪリーグで優勝しそうだということになれば、みなで集まって応援しようとするのではないだろうか。毎日のニュース番組には必ずスポーツコーナーがあり、何かしらのスポーツが取り上げられる。美術や音楽などと比較しても、日本人の生活にはスポーツがかなり溶け込んでいると言える。

先に、地方創生をする際に人口を増やすことは必ずしも必要がないと述べたが、そう言いつつも、人口が多い少ないにかかわらず、その地域に一定の「賑わい」はあった方が良い。その賑わいを作る目的として、スポーツは非常に良い手段となる。

そもそも、スポーツは一人でやるものではない。選手・監督・コーチ・審判だけではなく、試合運営を支える人、試合で応援をする人など、たくさんの人が関与する（役割を持つ）ことで、初めて効力を発揮する。単純に、多くの人が関わりを持ち、地域に賑わいをもたらすという点で、まずはスポーツの良さが発揮されるのである。

またスポーツには「人が集まりやすい」という特性がある。スポーツは勝ち負けがわかりやすく、クリーンで喜怒哀楽がはっきりと出るため、多くの人の興味・関心を惹《ひ》きやすく、その数もうまくすれば増える可能性がある。地方創生も一人だけが頑張ってどうにかなるようなものではない。より多くの人を巻き込んで、自分たちでその地域をどうしていこうかとみんなで考えることが重要である。そう考えると「スポーツを使った地方創生」というのは、それを考える上で有力な選択肢の一つとなる。

また先ほどポイントとした「ハードとソフトの組み合わせ」という意味でも、スポーツは使える。スポーツを行う「スタジアム」というハードと、「スポーツチーム」というソフトがあれば、地方創生を考えるのにちょうどよい組み合わせとなるからだ。第3章で述べたように、スタジアムの運営手法だけでも、さまざまなパターンがある。地元住民が積極的に関わるようになり、そこにスポーツチームがソフトとして加われば、おのずと地方創生のいろいろな施策が考えられるだろう。

また、スポーツは街の規模に応じて楽しむことができる。例えば、プロ野球の球団であればそれを賄うために、周辺に少なくとも100万人の人口が必要だと言われている。そのため、大都市周辺以外でプロ野球球団を経営するのは、あまり現実的ではない。そのことが、良くも悪くもプロ野球球団が12球団以上に増えない理由の一つになっている。

それがサッカーのJリーグクラブとなると、最低で7万人の人口でも実際にJ1クラブが存在している（サガン鳥栖のホームタウンである鳥栖市の人口は約7万人である）。J2や

J3ならば、もっと小さな都市でも工夫次第で持つことができるだろう。もっと少なく、例えば卓球のTリーグであれば、500人から1000人の観客で、会場は十分盛り上がる。卓球はボールが小さく、しかも動きが速いので、実はあまり大きい会場だと見えにくくて観戦には向かないのだ。運営費用もプロ野球やJリーグのような規模は必要ない。そうなるとサッカーよりもさらに少ない人口の街でも、例えば、バスケや卓球で「おらが街のクラブ」を創ることは可能である。

つまり「スポーツと地方創生」を考える時には、街の規模に応じて楽しめる競技を選ぶことができる。スポーツで街を盛り上げることは、選ぶ競技さえ間違えなければ十分可能だ。その証拠に、中国地方の小さい街でも「おらが街のクラブ」を実際に創ることに成功した事例をのちほど紹介しよう。

スポーツに備わる機能とはなにか

スポーツと地方創生は相性が良いと繰り返し述べているが、そもそもスポーツを突き詰めると、それにはどのような機能があるのだろうか。ここでは「なじみがある」「人が集まりやすい」というような先ほど論じた点からさらに深く掘り下げて、スポーツの普遍的な機能について少し解説したい。そして、それらを理解した上で、スポーツのどのような機能が地方創生に有効で、どの機能をどのようにして使えば、本来の目的が達せられるかということを、みなさんと一緒に考えたいと思う。

スポーツの機能や価値については、これまでもいろいろな人々が論じてきた。スポーツというものは実に多面的で、しかも感情を揺さぶるような存在でもあるため、世間にはいろいろな考え方や見方がたくさんあるのだが、ここではスポーツと地方創生を考える時に有効だと思われるスポーツの機能について2つに集約する。

スポーツの普遍的な機能としてここで紹介したいのは、スポーツの持つ「ボンド機能」と「アンプ機能」である。「ボンド機能」のボンドとは、あの「接着剤」のことである。

スポーツはあたかも接着剤のように、さまざまな立場の人を一瞬にしてくっつけるという性質がある。大人から子供まで、それも男女の区別なく、異なる会社で働く人々や普段あまり交わることのない異なる企業の人々や、自治体の人々、メディアの人々など、たとえ立場が違う人たちでも、不思議とスポーツがあれば一瞬にしてわかりあえたり、同じ話題で話が盛り上がったりすることが簡単にできる。

例えば、初対面の人から「レッズのサポーターです」と自己紹介をされたとして、もし自分がレッズサポーターなら一瞬にして仲良くなれるだろう。あるいは、他のクラブのサポーターであればそのことを伝えて、サポーター同士、サッカーの話で盛り上がれるだろう。また、例えばスタジアムで地元のサッカーチームを応援していて、息が詰まるような展開の後、終了間際に待ちに待った1点が応援する地元チームに入ったりすると、我を忘れて見ず知らずの隣にいる人とハイタッチをして喜ぶというようなことがスポーツなら起こりうる。普段、会話すらしたことのない人同士が、スポーツの劇的な瞬間を共有することで、一瞬にして仲良くなれるのである。スポーツ以外ではこのようなことはなかなか起こりづらい。スポーツは一瞬にして人々をつなぎ、くっつけ、そして離さない。だから「ボンド」なのである。

もう一つの「アンプ機能」のアンプとは、オーディオ機器などに組み込まれている「音を増幅する」あのアンプのことである。同じことをしても、例えば、普通なら報道されないような軽微な事故であっても、スポーツチームが関わるとそのニュースは思いのほか、メディアで大きく取り上げられたりする。選手が運転する車が自転車に接触する事故を起こした、クラブスタッフがわき見運転をしたなど、もし一般の人がやってしまった場合だと些細《ささい》なことだと思われるようなものであっても、スポーツが絡むとそれが大きく報道されたり、新聞に出たりする。スポーツに対する人々の関心が（地方においては特に）それだけ大きいという証拠である。

地方都市にあるJクラブであれば、その運営会社の売上規模はだいたい数億円から10億円台であり、売上規模だけで言うと、あくまで地方にある中小企業の一つというサイズであるが、それにまつわるニュースは、それこそアンプを通したように大きく報道される宿命にある。スポーツに関係のない地方にある普通の中小企業のニュース（例えば、先ほどの交通事故）であれば、それほど大きく報道されることもないだろう。しかし、ことスポーツが関わると、良いことも悪いことも、それこそ地方紙の一面を飾るようなこともあれば、場合によっては全国ニュースになることさえある。このスポーツの「アンプ機能」はリスクととらえることもできるし、チャンスととらえることもできる。

つまり、スポーツビジネスは他の産業と比べて、「情報発信能力」が異常に発達しているということだ。それが理解できれば、次に考えるべきことは、この機能を地方創生に有効に使えるのではないか、この機能をどう使うとスポーツを地方創生にもっと活かすことができるのかということになる。

スポーツに限らず、地方創生を考える時、施策として何かイベントを催したりすることがある。その際、イベントの内容を吟味することも重要なのだが、イベント内容が決まるとたいてい、そのイベントをどのようにして多くの人に告知するかということに、いつも苦労するものだ。そういう時には、先ほど述べたスポーツの「アンプ機能」を使うと良い。地元のクラブと一緒にイベントをやる。選手やスタッフに何かの講師をしてもらう。ゲストに来てもらう。それ以外にもいろいろな関わり方を地域住民と地元クラブが持つことで、それがニュースバリューを生み、大きく報道され、結果としてイベント内容が多くの人に知れ渡るといったことが期待できる。地元クラブが独自に地域との関わりにおいて何かしらのストーリーを持っていればなお良い。例えば、駅前に古くからあるみなが集まるような喫茶店から話が始まり、その後、喫茶店の名前自体がクラブ名になった松本山雅《やまが》FCのように――。

スポーツの持つ「ボンド機能」と「アンプ機能」をうまく使うことで、地方創生はより現実的なものとなり、成功する可能性が高まる。スポーツを地域創生に使わない手はないのである。

スポーツが日常そのもの――阪神タイガース

「スポーツが地域に溶け込んでいる最も良い例は何ですか？」と聞かれたら、私は間違いなく阪神タイガースだと答える。日本においてこれ以上、地域に溶け込んでいるスポーツチームはないのではないだろうか。甲子園球場の熱狂的な応援スタイル、7回裏の「六甲《ろっこう》おろし」の大合唱。関西地域以外でも、例えば、セ・パ交流戦において関東で阪神戦があると、それが埼玉西武ライオンズの主催試合であっても、西武ドーム（現メットライフドーム）はいつも満員になっていた。

関東地域をはじめ、全国津々浦々にタイガースファンはいるが、セ・パ交流戦で土日ともなれば、関西からもここぞとばかりにたくさんのファンが応援に訪れる。スタンドは真っ黄色に染まり、どちらの主催試合かわからなくなるほどである。入場料収入がたくさん稼げるという意味では、巨人戦よりも阪神戦の方が経営面でとても助かったことを覚えている。ファンの気質が少し荒っぽいのが玉に瑕《きず》なのだが……。

試合の時の熱狂もそうだが、関西では毎日の生活の中で阪神タイガースを感じられる。私は商社マンとして社会人になった時、まず大阪に配属されたのだが、働き始める初日、いの一番に職場の先輩からこう言われたことを思い出す。「森、上司に稟議《りんぎ》書を通したい時はやな、前夜のタイガースの試合結果を見てからにせんとアカンで」「タイガースが負けた時は、みんな機嫌が悪いさかい……」。

まさかと思ったが本当だった。負けた次の日は稟議書が本当に通らない。なんと課長、部長、役員、みんながタイガースファンだったのだ。そして冗談ではなく、本当に機嫌が悪かった。

「昨日は惜《お》しかったですな〜」。これが大阪市内に営業に行って取引先と交わす最初の言葉だった。主語はないが、もちろんタイガースの話題である。みんなが試合内容や試合結果を知っていて、それが当たり前になっているのだ。タイガースのことを詳しく知らないと話が続かない。関西では面白くない（オモロナイ）奴とレッテルを貼《は》られたら仕事にならないので、たとえ九州出身者であっても、巨人ファンであっても、野球にあまり興味がなくても、タイガースファンにならざるを得ない。とにかく、ありとあらゆるところにタイガースのグッズがあり、ある人はスーツの裏地が黄色と黒のあやしい縞《しま》模様だったり、上司の机の上に普通にタイガースのペン立てがあったりした。大阪では日常生活に見事にタイガースが溶け込んでいるのである。

私はここに一つの理想形を見た。「勝っても負けても、おらがチーム」ということで、阪神ファンはみんなファンを辞めないのだ。いや、負けた時こそ「できの悪い子の方がかわいい」と言わんばかりに「何やっとんねん！」と言いつつも、いつにも増して応援に熱が入るのである。ファンの数も負けている時に減るどころか、増えているように感じたものだ。

タイガースファンといえども勝った負けたで一喜一憂はするのだろう。きっと日常生活で辛いことや嫌なこともたくさんあるのだろう。そういうことを関西人は、阪神タイガースを応援することでうまく発散して消化し、明日への活力に変えていく。人々の生活にスポーツが溶け込み、スポーツがおそらく人々の役に立っているのではないかと、私は大阪で商社の営業の仕事をしながら肌で感じていたのだった。

女子サッカーによる地方活性化

岡山県に岡山湯郷《ゆのごう》Belle《ベル》という女子サッカーチームがある。阪神タイガースは大阪を中心とする関西全域という広い地域での話だったが、このチームは小さい街がスポーツを使って地方を元気にすることに成功した良い事例だと思うので紹介する。

岡山湯郷Belleは岡山県美作《みまさか》市をホームタウンとする、なでしこリーグに加盟するサッカークラブである。岡山県美作ラグビー・サッカー場を活動拠点としていて、当初は美作町（当時）のスポーツの核として官民一体となった地域支援、地域振興を狙《ねら》いとしたプロジェクトであった。ちなみに、チーム名の「ベル」はフランス語の「美人」「美女」などを意味している。

チームは2001年に発足した。官民一体となった活動自体は2002年のFIFA日韓ワールドカップのキャンプ地として練習グランドを整備したことから始まった。そしてワールドカップが終わり、その後の施設の使い道を考えていた時、町長が当時のJリーグ川淵三郎《かわぶちさぶろう》チェアマンに相談したところ「女子サッカーはどうですか」と言われたことが女子サッカーに力を入れるきっかけとなったという。

その後、女子の有名監督を呼んできて、その監督が数人の有名選手を呼んできた。普段、選手たちは湯郷温泉で働き、地域の人と仲良くなりながら、休日はサッカー場で応援してもらうという構図だ。この取り組みはなかなかうまくいった。チームは徐々に強くなり、数年でなでしこリーグに昇格、そのチームから2011年のワールドカップ優勝メンバーを輩出し、メンバーの中から国民栄誉賞受賞者も出すことができた。そして、2014年にはとうとう、なでしこリーグ1部「レギュラーシリーズ」で優勝するなど、名実ともに日本ナンバー1のクラブになったのである。人口たった3万人（現在の美作市の人口）の小さな街が日本一になったのである。

私は岡山湯郷 Belle のホームゲームに行ったことがあるが、スタジアムはお世辞にもアクセスが良いとは言えないような駅から遠い場所にあるものの、試合開始前から地元の人々が続々と集まり、試合開始時には満員になり、お年寄りから子供まで老若男女たくさんの人々が応援に来ていた。試合前には選手のサイン会があったり、地元の小・中学生が試合運営に参加していたりして、ほのぼのとした地域クラブらしい心地良い雰囲気がそこかしこに醸《かも》し出されていた。

岡山湯郷 Belle は、岡山県内の高校と提携して、女子若手選手の育成にも一緒に取り組んでいる。岡山湯郷 Belle からコーチを派遣し、その高校で鍛えられた選手が岡山湯郷

Belle に入団するようなケースも出てきている。こうすることで、その地域だけでなく、岡山県内の子供たち全員の希望にもなっているのだ。ただ残念ながら、ここ数年はさまざまな問題が一気に噴出し、クラブとしての精彩を欠いている。ここにもマネジメントの問題が出ているのだが、岡山湯郷 Belle は一度、地域クラブの見本ともなるような大きな成功を成し遂げたクラブである。地域が盛り上がるために必要とされるような地盤はすでにでき上がっているので、地方創生の明るい星として是非もう一度、復活を遂げてほしい。

人を動かすスポーツツーリズム

さて、これまでスポーツ大会というと、ノックアウト方式、すなわち負けたら終わりのトーナメント戦の形が多かった。その場合、試合会場は1か所だったり、九州大会や関東大会など地域を束ねるような大きな大会になると、まずメイン会場があってその周辺にサブ会場があったりするような場合が多く（これをセントラル開催という）、選手や監督・コーチ、子供の大会の場合、その父兄などの関係者は、おのずと会場周辺に集まることが多かった。まずは試合をして運よく勝てて、次の日に進めば、会場周辺に宿をとることになる。ごく当然の動きである。

これもサッカーの影響だが、選手により多くの試合機会を提供するという意味で、近年、スポーツの現場ではトーナメント戦よりもリーグ戦が開催されることが多い。トーナメント戦では１回負けたらそれで終わりだが、リーグ戦だと少なくとも数試合はできる。つまり、選手はたくさん試合を経験できるのだ。まず予選リーグを戦い、そこで勝ち上がったチームが決勝トーナメントへ進み、ベスト４や優勝チームを決める。このような試合形式による大会が増えている。

それと同時に、これもサッカー文化の一つであるが、「ホーム＆アウェイ」方式というやり方も増えてきた。リーグ戦において試合会場をホーム（地元）で１回、相手チームのホーム（逆から見るとアウェイ）で１回というように、交互に違う場所で試合をして、条件を同じにして平等に戦おうというのである。サッカーのＪリーグやバスケットボールのプロリーグであるＢリーグはこの方式である。

この方式の場合、ホームゲームの時は自分の住んでいる街の近くで試合があるため、遠くに移動する必要もなく、おのずと地元の観客が多くなる。そうすると、試合会場はホームの応援が圧倒的に優勢となり、初めて試合を見る人でも、その応援の流れに身を任せて自然と楽しむことができるのだ。ホーム＆アウェイ方式であれば、ファンはホームゲームで心置きなく地元のチームを応援することができる。そして、これは暗黙の了解として、ホームゲームであれば地元チームが自分たちのチームの応援がしやすいよう、多少依怙《えこ》贔屓《ひいき》をするような演出をしても、ある程度は許されるということもある。やはりいろんな意味でこの方が盛り上がるのである。

サッカーのJリーグやバスケットのBリーグを真似て、他のスポーツでもホーム&アウェイ方式ができないか模索を続けている。ただ、この場合のネックとなるのは、地元チームが自分たちでホームゲームの試合運営と試合演出をする必要があるということだ。お金や人員に余裕のないクラブだと、最低限試合の運営で手一杯になってしまうことがよくある。これでは残念ながら、ホーム&アウェイの恩恵は受けにくい。

ただ、今後さまざまなスポーツにおいて、ホーム&アウェイの文化が一般的になってくると、スポーツチームを熱心に応援する人々がアウェイでの試合に出かけることによる「スポーツツーリズム」というものが、地域創生のメニューの一つとして新しく視野に入ってくる。スポーツの良いところは、リーグに入ってしまえばある一定数の試合が確保されることである。年間を通じて、決まった試合数の公式戦をホームとアウェイで行うため、試合をする選手や監督などのチームだけでなく、チームを応援する人も行ったり来たりすることになり、こちらのホームゲームにアウェイ側のサポーターが大挙して押しかけるということが、自然発生的に起きるのである。これは考えようによっては、地元のチームとその本拠地の周りの人々にとって大きな商機である。極端なことを言えば、特に大した努力をせずとも、チームがリーグに加盟さえしていれば、アウェイの客が自然と来てくれるというわけだ。基本的にホーム&アウェイでは、チケット収入はホームチームの収入になるので、アウェイの観戦者といえども、立派な〝お客さん〟であり、ありがたい存在なのだ。

２０１８年3月10日のV・ファーレン長崎対浦和レッズのJ１公式戦には、V・ファーレン長崎の本拠地である諫早市のトランスコスモススタジアム長崎に浦和レッズのサポーターが４０００人ほど押しかけた。その人々のメインの目的はもちろん試合観戦だが、レッズを応援することを理由に、その前後の日程で、長崎観光を楽しんだサポーターも少なからずいたことだろう。仮に、それが10人に１人だとしても、全部で４００人になる。ホテル、旅館、レストラン、土産物店など地元の観光業者にとっては〝恵みの雨〟である。これだけの数の人々が実際にやってくることがわかると、観光業に携わる人々も、スポーツの力というものを肌で感じることができるのではないだろうか。こうした形で、地域の観光業の発展にスポーツをつなげ、貢献することもできるのである。

また、サッカーやバスケットボールを中心とした球技のリーグ戦以外でも、近年、「するスポーツ」として人気の高いマラソン大会やトライアスロン大会などは、大会が開催されるたびに数千人単位の人が動くことがわかっている。また、すでに日本には、瀬戸内の美しい島々をめぐる「サイクリングしまなみ」など、世界中から愛好者が集まる大会もある。それらは多くの場合、地元にとっては年に1回、同じ時期、同じ場所での開催となるのだが、毎年、継続的にその大会を開催することで、ある程度、決まった人数の参加者の来訪が見込まれることになり、長期的に考えれば、その都市を毎年訪れるリピーターを抱えていると言い換えてよいかもしれない。この構造は、スポーツを軸とした地域創生と言えないだろうか。

そのような単発で行われる大会の場合、継続的に開催するために、その大会を統括する団体や大会に参加してくれる競技者に対して、どのようにしてその地域の特徴を打ち出し、何をもってそこで開催してよかった、開催されてよかったと思ってもらえるか。それこそ、それを地元の人々がみんなで集まって一生懸命に考えていく過程が地域創生そのものであり、そう考えると年に一度のその大会が、その地域のサステイナブルな発展を目指すために、スポーツを使って何ができるか、スポーツで何をすべきかということを、地域の人たちが考えるきっかけになっているとも言えるのである。

スポーツが人を動かす――。スポーツツーリズムは、地域創生の救世主とも言える存在である。

「スポーツで地域を元気にする」の次へ

２０１８年6月、「スポーツで地域を元気に」という演題で、約百人の前で講演をする機会があった。九州にある地方新聞社の販売店の若手（おもに2代目）の方々が持ち回りで開催している、年に一度の会合に呼んでいただいた時のことである。[*3] そこではこれまでの長崎や鳥栖や所沢での経験をもとにして、スポーツで地域を元気にするような事例をいくつか紹介した。主催者側もそこに出席している九州各県の販売店の方々から事前アンケートをとっていて、地元のプロスポーツチームに対する各新聞社からの支援事例や新聞社とスポーツチームのコラボレーション事例を、議論のたたき台になるように集めてくれていた。そして私は、そのアンケートも同時に見ながら話を進めていった。

地域のスポーツクラブにとって、地方新聞社による支援や協力、特に記事掲載はとてもありがたいものだ。たとえそれがどんなに小さな記事だったとしても、地域の人々にそのクラブの存在を知ってもらうという意味で非常に助かるからである。特に立ち上げたばかりのクラブにとっては広告費にかけるお金もない中、記事として扱ってもらえるだけでも大変大きなことだ。だからこそ、地域でスポーツを盛り上げていくには、そしてそのようなスポーツクラブが発展して地域で成功していくためには、地方新聞社の協力はなくてはならないものなのである。

ただその時、事前アンケートの回答を見て私が感じたのは、新聞社やその販売店が「私たちが、何か地元のスポーツクラブのためになるようなことをしてあげよう」という姿勢で何かをやったという事例がほとんどだな、ということであった。

思考回路が各社とも常に一方通行だったのである。もちろん〝上から目線〟とか、自分たちの方が大きくて、スポーツチームの方が小さいといった妙なエリート意識があったというわけではないのだが、そこに示されていた事例には「地元のスポーツチームを盛り上げるために、我々が何かをやってあげる」という意識がはっきりと感じられたのである。例えば、地元サッカークラブを盛り上げるために選手の特集記事を書いて、ある試合前にスタジアムでファンに向けてその記事を1000部配りました、といったような具合である。

もちろん、これは悪くない。むしろいい事例だ。でも、もっといろんなことができるはずだ。そう感じた私がそこで提唱したのは、「自社の課題解決に、もっとスポーツを利用してはいかがでしょうか」ということだった。インターネットの出現により、明らかに昔よりも産業としての新聞業界の立ち位置は苦しくなっているはずだ。現に、すでにアメリカでは老舗と呼ばれるような大手新聞社がつぶれたり、買収されたりしている。日本でもネット化が進むにつれて、新聞が前よりも売れなくなったとか、若者が新聞を読まなくなったとか、人口減による採用難で配達員を集めにくくなったとか、その会でも実際にさまざまな意見がたくさん出ていた。よくよく考えれば、地方の新聞各社にも経営課題というものはもっといくらでもあるはずである。そんな中で、例えば、先に述べたようなスポーツの「ボンド機能」や「アンプ機能」を使って、自社の課題や地域の課題を一気に解決する。私は、そのような視点がこれからの企業経営、特に地方における企業経営には大切になってくると常日頃から思っているので、「そのように考えてはいかがでしょうか」ということを参加しているみなさんに伝えたのだった。

「スポーツで地域を元気にする」から「地域の課題や自社の課題解決のためにスポーツを使う」へ――。この2つの言葉では、一見して明らかなように、スポーツという語句の置かれた場所が逆になっている。この2つの言葉の違いは何かというと、自分たちが今どの場所にいて、どのような立場で物事を考えているかという違いである。つまり「スポーツで地域を元気にする」だと、その人はスポーツの外から地域のことを考えており、まだまだ他人事なのである。先ほどの新聞社の例がこちらになる。

一方、「地域の課題や自社の課題解決のためにスポーツを使う」だと、その人は地域の中や地域に根を張ってビジネスをしているような会社の中にいて、それをもっと元気にするためにどうしたらいいだろうかと考える中で、スポーツが使えるのではないかという発想になっている。まさに自分事《じぶんごと》として、地域や会社を元気にするために何か良い方法はないか、ひょっとしたらスポーツがそれに利用できるのではないか、と主体性を持って考えているような状態である。

ではそろそろこの章の結びとしよう。

私が「スポーツと地方創生」というこの章で伝えたかったことは、これからはスポーツの中にいる人も、スポーツの外にいる人も、スポーツを使って何かを成し遂げるという考え方を持ち、それこそ自分のこととして主体的にいろいろと実践をしてほしい、実践すべきだろう、ということだ。

それだけの力と魅力がスポーツには備わっているし、それくらい今の日本においてはスポーツと生活の関わり方が、より身近なものへと変わってきたと感じている。スポーツは一部のアスリートのものだけではない。スポーツはみんなが参加し、一緒になって作っていくもの——。たくさんの人が関わることで、いっそう楽しくなるものである。そして、それがすなわち、これまでより一歩進んだ「スポーツと地方創生」の新たな道筋だと私は思うのである。

＊１　詳しくは、傍士銑太『百年構想のある風景――スポーツ文化が国の成り立ちを変える』（ベースボールマガジン社、２０１４年）参照。
＊２　『日経ＲＥＶＩＶＥ２０２０』（２０１８年10月号）
＊３　「第71回九州地方紙販売店連合会（青年部 長崎大会）」２０１８年６月13日

おわりに

ここ数年、「インターネット業界」という言葉をすっかり聞かなくなった。今や伝統的な産業であれ革新的な産業であれ、インターネットを介さないビジネスというものは少なくなっている。電気やガスや水道と同じように、インフラの一部として誰もがインターネットを利用することが当たり前という時代になったということだろう。インターネットが一般的なものとして出始めたのが1990年代からだとすると、ここまでざっと30年ということになる。

そしてこれから30年ののち、ひょっとしたら、それと同じようなことがスポーツの世界でも起こりうるのではないかと、私は真剣に考えている。人々がインターネットを利用するのと同じように、30年後にはすべてのビジネスが何らかの形でスポーツにつながり、いつの間にか、スポーツビジネスとそれ以外のビジネスとの境界がなくなっていて、「最近、スポーツビジネスという言葉を使わなくなったよね」とみんなが言っている日常がやってくるのではないだろうか。

これからはスポーツそのものよりも、スポーツを通じて何をするかが重要になる。〝スポーツ×○○○〟といった具合だ。考えれば考えるほど可能性は無限にある。そう考えれば、もっと多くの人がスポーツに関わるチャンスが出てくるだろう。そこではスポーツが潤滑油となり、ハブ（結節点）にもなる。もちろん、誰もが参加できるプラットフォームとしても使える。では、スポーツに何を掛け合わせれば良いのか。どんなビジネスが最適なのだろうか。実はそちらの大きさ次第で「スポーツビジネス15兆円時代」というハードルは、わりとあっさり超えていくのかもしれない。

その時、活躍するような人材とはきっとこういう人だ。まずはスポーツビジネスの基本をしっかりと理解していること。そしてその本質をわきまえた上で、スポーツを使って何かを成し遂げたいという熱い心を持っている人だ。スポーツを愛し、スポーツ業界以外のビジネススキルもあって、みんなを巻き込みながら大きなチームを作り、泣いたり笑ったりしながら、ブレずに試行錯誤を苦にしない人だ。一人でも多くの人がそこに参加し、〝スポーツ×○○○〟を実現することによって、みんなが今よりもどんどん笑顔になっていく――そうなることが、スポーツに魅せられた私の願いだ。

最後に、この本がこうして形となるきっかけを作っていただき、その過程において叱咤激励してくれた平凡社の坂田修治さんに、そして執筆の時間を割くことに快く協力してくれた妻と10歳の娘にも、感謝の気持ちを伝えたい。「パパ、あそぼ！」の声を振り払うのは少しつらかったです。でも、ありがとうございました。

2019年5月

森貴信

主要参考文献

政府方針・研究レポート

『スポーツを核とした街づくりを担う「スマート・ベニュー®」――地域の交流空間としての多機能複合型施設』（スマート・ベニュー研究会・日本政策投資銀行〔地域企画部〕、2013年8月）
間野義之「スマート・ベニュー――スポーツを核とした街づくり」（『体育の化学』第65巻第2号、2015年2月〔別刷〕）
『日本再興戦略2016――第4次産業革命に向けて』（内閣府、2016年6月2日）
『スタジアム・アリーナ改革ガイドブック』（スポーツ庁・経済産業省、2017年6月）
『未来投資戦略2017――Society 5.0 の実現に向けた改革』（内閣府、2017年6月9日）
『未来投資会議2018――「Society 5.0」「データ駆動型社会」への変革』（内閣府、2018年6月15日）
『持続可能なスマート・ベニューの実現に向けて――ミクニワールドスタジアム北九州の整備前後での比較調査を通じて』（日本政策投資銀行〔地域企画部〕、2018年4月）
『PwCスポーツ産業調査2018――岐路に立つスポーツ産業』（PwCコンサルティング合同会社、2019年3月6日）

書籍・記事

広瀬一郎『自分の考えに自信が持てる本』（かんき出版、2015年）
間野義之著、三菱総合研究所執筆協力『奇跡の3年 2019・2020・2021――ゴールデン・スポーツイヤーズが地方を変える』（徳間書店、2015年）
新日本有限責任監査法人編『最新スポーツビジネスの基礎――スポーツ産業の健全な発展を目指して』（スポーツの未来を考える2 同文舘出版、2016年）
葦原一正『稼ぐがすべて――Bリーグこそ最強のビジネスモデルである』（あさ出版、2018年）
佐藤尚之『ファンベース――支持され、愛され、長く売れ続けるために』（ちくま新書、2018年）
「都内屈指の文教都市 立川／国立／国分寺」（『日経RIVIVE2020（「日本経済新聞」タブロイド判情報紙）』2018年10月号、日本経済新聞社販売局）
有限責任あずさ監査法人、スポーツビジネス Center of Excellence（CoE）『スポーツチーム経営の教科書』（学研プラス、2018年）
堂場瞬一『ザ・ウォール』（実業之日本社、2019年）

【著者】
森貴信（もり たかのぶ）
1969年長崎県生まれ。トーメン、トヨタ自動車を経て、2005年V・ファーレン長崎の立ち上げに参画。その後、サガン鳥栖、埼玉西武ライオンズを経て、現在はラグビーワールドカップ2019組織委員会チケッティング・マーケティング局局長（チケッティング担当）。また株式会社マグノリア・スポーツマネジメント代表取締役として、スポーツ特化型クラウドファンディング「FARM Sports Funding」も運営する。JFAスポーツマネジャーズカレッジ2期生。早稲田大学招聘研究員。慶応ビジネススクール MBA（2003年）。

平凡社新書915

スポーツビジネス15兆円時代の到来

発行日——2019年6月14日　初版第1刷

著者———森貴信

発行者——下中美都

発行所——株式会社平凡社
東京都千代田区神田神保町3-29　〒101-0051
電話　東京（03）3230-6580［編集］
　　　東京（03）3230-6573［営業］
振替　00180-0-29639

印刷・製本—株式会社東京印書館

装幀———菊地信義

ISBN978-4-582-85915-7
NDC分類番号780　新書判（17.2cm）　総ページ232
平凡社ホームページ　https://www.heibonsha.co.jp/